一目瞭然的圖解筆記！

日本
戰國史
看看就好
筆記

監修
小和田哲男
Tetsuo Owada

Kenshin
Uesugi

Nobunaga
Oda

Mitsuhide
Akechi

Shingen
Takeda

Ieyasu
Tokugawa

前言

統整零碎的
日本戰國知識

　　織田信長一統天下指日可待，卻遭家臣明智光秀襲擊而死；豐臣秀吉出身平民，卻統一了天下；德川家康在關原之戰中獲勝，開創太平時代。即使是不太了解戰國時代的人，應該也都知道戰國三傑吧。

　　不過，在喜歡戰國歷史的人之中，也沒有幾個人能有條不紊地說明清楚為何這些英傑要累積自身實力？又是為何成為時代的寵兒？之所以如此，是因為大多數的人都只有從死背年號及事件的歷史課、演出戰國武將生平的電視劇或遊戲等途徑，了解到零碎的戰國史。

　　為了讓讀者充分理解時代的演變，本書盡可能依年代編排，並且輔以插圖解釋，以簡單明瞭的方式說明戰國歷史。北條早雲於明應二年（1493年）進攻伊豆，此為日本戰國時代的開端，但為了讓讀者更清楚戰國亂世的形成背景與來龍去脈，本書將從室町時代中期開始介紹。

　若能先了解奠定於室町時代的戰國亂世背景，那麼從北條早雲進攻伊豆算起，一直到大坂夏之陣為止，這一百二十年左右的歷史就能夠串聯起來。如此一來，就能明白為何會發生武將採取實際行動討伐主君的「以下克上」，以及各個武將開戰的理由。

　掌握時代的脈絡後，即可詳盡理解深奧的戰國歷史。零碎的戰國知識就已趣味十足，若能掌握戰國歷史的整體樣貌，想必更能體會到其中的精彩之處。若本書能對各位有所幫助，那便是我最大的榮幸。

　　　　　　　　　　　　　　　　　　小和田哲男

Contents

Chapter 03
目標一統天下的
風雲人物・織田信長

Chapter 04
織田信長率領的
最強家臣團

Chapter 05
人生波瀾壯闊的
豐臣秀吉

column No.5

百姓之子？私生子？
探究秀吉的出生之謎 ············· 142

Chapter 06
制霸戰國亂世的
德川家康

Chapter 07
讀解戰國史的
後備知識

沒有
室町時代，
何來
戰國時代

戰國亂世是如何形成的？
原因就在更早之前的室町時代。
本章節將探討日本進入
戰國時代的契機。

01 室町時代暗潮洶湧的動亂預兆

戰國時代是一個各方戰國大名不斷開戰以爭奪領地的時代。
想了解戰亂之世的開端，就得先從室町時代開始說起。

　　以戰止戰的戰國時代並非突然開始的，早在室町時代便隱約可見動亂的預兆。最明顯的徵兆就是慶永23年（1416年）發生的「**上杉禪秀之亂**」。**上杉禪秀擔任關東管領**，這是室町幕府的官職，任務是輔佐為統治關東而設置的鎌倉公方。然而上杉禪秀與擔任鎌倉公方的足利持氏關係惡化，最後上杉禪秀辭去關東管領一職。

放逐長官的上杉禪秀之亂

足利持氏厭惡上杉禪秀，因此將之革職。

咦！

足利滿隆（持氏的叔父）

足利持仲（持氏之弟）

國人

我們來幫你

我討厭你！你被開除了

別把老子看扁

快逃啊！

鎌倉公方 足利持氏

關東管領 上杉禪秀

禪秀與持氏的親族共謀，舉兵襲擊持氏。

就是啊

我們了結吧

你們死心吧

沒問題

拜託救救我

只能一死了之

窮途末路的禪秀、滿隆和持仲自盡，此事告一段落。

第4代將軍足利義持

第4代將軍足利義持支援持氏，派出討伐軍隊。

辭去關東管領一職後，禪秀便召集地方上有權有勢的「國人」，出兵襲擊持氏。持氏拚死逃出鎌倉，並向幕府請求援助。幕府方的軍隊與禪秀率領的豪族交戰，**並於隔年鎮壓了禪秀等人**。禪秀自盡，主要參與的國人也都滅亡。然而，在這場戰亂中殘存的國人則加強彼此間的連結，成為了戰國大名的前身。

室町幕府的地方統治結構

▨ 守護居住於京都，
　　將地方統治交由守護代

守護為地方上的首領，他們把地方的統治權交給守護代，並且居住於京都。守護代握有該片土地的統治實權，負責管理國人或農民。另外，進入戰國時代以後則由守護代或國人代替守護支配領國。

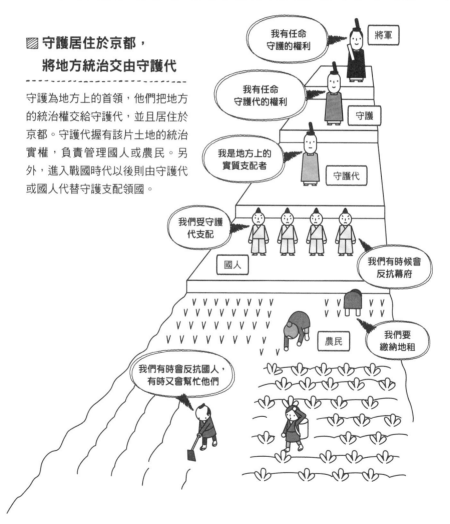

我有任命守護的權利　將軍

我有任命守護代的權利　守護

我是地方上的實質支配者　守護代

我們受守護代支配　國人

我們有時候會反抗幕府

我們要繳納地租　農民

我們有時會反抗國人，有時又會幫忙他們

02 幕府凋零的徵兆！抽籤選出的將軍

因為鎌倉與京都的對立，室町幕府四分五裂。到了第 6 代將軍・足利義教的時代，就連農民也高舉反抗的旗幟。

繼任第 5 代將軍的足利義量，是第 3 代將軍足利義滿之孫，第 4 代將軍義持的嫡子。然而，義量卻在 19 歲時英年早逝，而且未留下子嗣，因此由誰來繼任將軍便成了問題。以三寶院滿濟為首的各幕府中樞，**決定以抽籤的方式選出下任將軍**，人選為義持的三個弟弟。最後，義教獲選，成為將軍的繼承人。

抽籤決定將軍繼承人

還沒決定第 6 代將軍，我就離開了這個世界

第 4 代將軍 足利義持

我在 19 歲時過世

第 5 代將軍 足利義量

從義持的弟弟中決定將軍繼承人

三寶院滿濟

第 6 代將軍 抽籤大會

1 等 將軍

我抽中了！

足利義教

虎山永隆　大覺寺義昭　梶井義承

管領

管領

義教在獲選為將軍繼承人之前是一名僧侶。坐上將軍之位的義教實行殘酷而獨裁的政治，被稱為「魔將軍」。

啪啪

第6代將軍足利義教才剛上任，便發生了農民的武裝起義。以近江的運輸業「馬借」起義為開端，畿內的農民群起對抗幕府，史稱「**正長土一揆**」。雖然幕府頒布了一揆禁止令的公告，卻還是無法收拾局面，高利貸業「土倉」及釀酒業「酒屋」、寺院等等，接連遭到破壞。此為幕府開府以來未曾見過的重大事件。**令戰國大名苦惱不已的百姓起義行動，其實在室町時代便有跡可循。**

首次由農民發起的正長土一揆

收成不好

惡劣的天氣持續不斷、將軍換代……百姓的內心惶惶不安。

這個國家還行不行啊…

一筆勾銷我們的欠款！

馬借

於是，以馬匹搬運貨物的運輸業者「馬借」武裝起義。

一筆勾銷我們的欠款！

遵命

快去鎮壓農民

由於農民非常團結，即使幕府出動軍隊，仍舊難以收拾局面。

足利義教

03 針鋒相對的 室町幕府與關東府

關東府為武家的地盤，室町幕府則為公家的根據地，兩者水火不容，頻頻發生衝突與糾紛。

　　足利義教繼任第6代將軍後，認為「自己也有足利家血統」的鎌倉公方・持氏萌發與義教一爭高下的念頭。1429年，朝廷將年號由正長改為永享，但持氏拒絕改元，並繼續使用正長年號，因此與幕府反目。1438年，**持氏與關東管領・上杉憲實的關係也降到冰點，雙方舉兵，發生衝突**。義教為了救援憲實而派出幕府軍，將持氏逼上絕路自盡。史稱「**永享之亂**」。

幕府與鎌倉公方再次對立

永享之亂

鎌倉公方・持氏對關東管領・憲實發起攻擊。

救命～

憑什麼我不能當將軍呢！

好歹也聽我說句話！

你這個將軍的走狗

將軍 足利義教

上杉憲實

鎌倉公方 足利持氏

饒不了你

拜託救救我

噢嗚

憲實向義教求救援，因此持氏遭到幕府軍討伐。

持氏死後，義教有意讓自己的親兒子繼任鎌倉公方，但是下總的結城氏朝、持朝父子反對幕府，擁立持氏的遺孤繼任。義教再次派遣幕府軍隊，前往討伐結城氏朝、持朝（**結城合戰**）。在這之後**鎌倉公方一時斷絕，幕府與鎌倉之間迎來了短暫的和平**。不過，對於室町幕府而言，之後再成立的關東府仍是個致命的弱點。

暫時瓦解的雙重權力

新的鎌倉公方就讓我兒子擔任

鎌倉公方之位空懸，義教有意讓其子繼任。

你們支持誰啊？

應該讓持氏的孩子繼承鎌倉公方

結成氏朝、持朝

持氏的孩子們

幕府軍

我都已經出戰了～

憲實也給我出戰！

關東武士血氣方剛，真令人困擾

憲實雖已出家，卻還是被迫以幕府軍的身分參加結城合戰。

結城合戰

關東的豪族‧結城氏擁立持氏之子繼任鎌倉公方，而與幕府軍發生戰爭。

暫時中止鎌倉公方吧

以永享之亂為契機爆發的結城合戰，最終以幕府軍的勝利告終。

04 實行恐怖政治的 足利義教悲慘末路

每當發生叛亂，義教便會派遣幕府軍出兵平定，即使大家惶恐不已，他仍持續行動。最後，他遭到家臣叛變。

義教為了收拾正長一揆、鎌倉公方與關東管領之爭等事件而東奔西走。雖然義教仿照其父義滿，努力強化將軍的權力，但做得太過火了。他不僅干涉守護大名的家督繼承人選、暗殺守護大名，甚至以「**飯菜太難吃**」這種雞毛蒜皮的**理由將廚師處刑**。這些行為被形容為「萬人恐怖」，人人都驚恐不已。

足利義教的恐怖政治

介入家督的繼承

三男　二男　長男

遵命

就讓老三來當你的繼承人吧

暗殺守護

我要把你的領地給其他人

沒收領地

把他們給我殺了

啊啊

遵命

下一個該不會就是我了

啊啊

赤松滿祐

不僅身旁的人害怕暴君化的義教，就連當時的公家、庶民也都戰戰兢兢。守護‧赤松滿祐對於這樣的義教感到相當不信任。

　　義教濫用權力的惡政，引起各守護大名強烈的不滿與不安。擔任幕府要職的赤松滿祐即是其中一人。滿祐的不安漸漸轉為憎惡與殺意，引發了重大事件「**嘉吉之亂**」。滿祐假借舉辦結城合戰的慶功宴之名義，**讓兒子教康邀請義教前來自家宅邸，然後暗殺了義教**。此後，室町幕府的向心力再無起色。

在嘉吉之亂中被討伐的義教

幕府軍於結城合戰中獲勝。赤松滿祐假借慶功宴的名義，成功引出義教。

滿祐陣營的武士突然現身，不費吹灰之力就殺死了正在觀賞傳統藝能猿樂的義教。

05 因「長祿・寬正大饑荒」而荒廢的京都

幕府將軍足利義教遭暗殺一事，動搖了室町幕府的權力基礎。在這般情況之下，又發生了新的災難。

室町幕府雖極力想維持和平，卻無力抵擋一波未平一波又起的災難。長祿3年（1459年），由於乾旱、嚴凍等影響，**引發了造成八萬兩千人死亡的「長祿・寬正大饑荒」**。時宗的僧侶・願阿彌發起炊飯賑災等救濟活動，室町幕府卻毫無作為，使饑荒的程度愈加嚴重。幕府自嘉吉之亂之後便失去了向心力，而這場災難則讓世人看清了幕府的無能，幕府的權威蕩然無存。

死亡人數眾多的長祿・寬正大饑荒

因全國性的旱災和颱風，造成了大饑荒。
大量的流民湧入京都，災情一發不可收拾。

　　即使發生了饑荒，第8代將軍義政卻花大把的銀子興建將軍宅邸「花之御所」，以及修築高倉。除此之外，義政**沉迷在茶道與繪畫等藝術，貫徹純粹為興趣而活的人生之道**。然而，幕府的向心力低落，對於義政而言也許是個好機會。許多人決定捨棄幕府，離開京城，於是他建立起的「**東山文化**」傳遍了日本全國。

足利義政的功與過

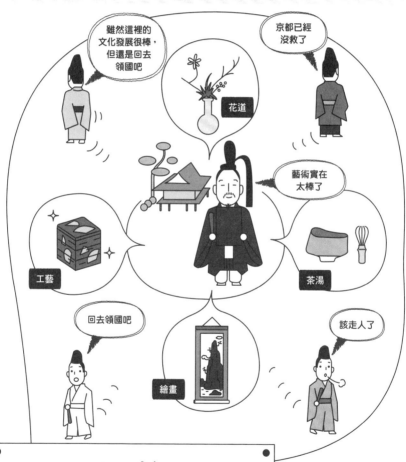

one point

義政所建立的東山文化，不僅讓之後的戰國時代
大名傾心不已，也成了日本文化的源頭。

06 因內宅騷動而動盪不安的室町幕府

室町時代的家督之位並非皆由長子繼承，
因此各地頻頻發生繼位之爭。

第8代將軍足利義政沉醉於個人的興趣，活得自由而奔放。義政迎娶日野富子為正室，但兩人所生的孩子卻早夭。寬正5年（1464年），考慮提早退位的義政指定親弟弟義視為繼承人，然而日野富子卻在隔年產下一子・義尚。此時，富子與義視之間雖無心結，但義視與義尚都是將軍繼承人選，這成了引發災難的轉捩點。

將軍家爆發繼承人問題

我們沒有
生下男孩

繼承人的問題
該怎麼辦？

你來當下
任將軍吧

讓我當將軍
也是可以啦

足利義政　日野富子

義政與富子沒有能繼任
將軍之位的子嗣。

於是義政任命親弟弟
義視為下任將軍。

足利義視

隔年…

義尚

哇一

是個男孩喔

結果義政與富子
誕下了男孩。

讓誰來
當才好呢

無法決定繼承人的
義政，決定繼續擔
任將軍。

20

幕府裡有管領細川勝元與守護山名持豐（宗全）兩大勢力掌握大權。就在這時，**守護・畠山氏發生了家督之爭，勝元與持豐（宗全）介入其中，雙方對立**。持豐（宗全）挑釁勝元，勝元亦不甘示弱地召集兵馬，最後形成了以勝元為首的東軍，以及以持豐（宗全）為首的西軍，開啟了長達十年之久的「**應仁・文明之亂**」。

在畠山氏之爭的背後蠢蠢欲動的兩大勢力

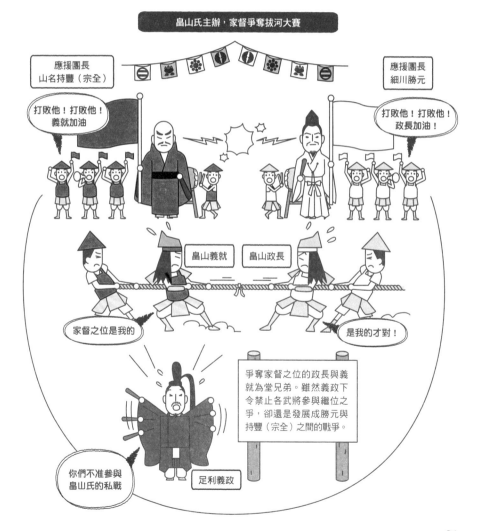

畠山氏主辦，家督爭奪拔河大賽

應援團長
山名持豐（宗全）

應援團長
細川勝元

打敗他！打敗他！
義就加油

打敗他！打敗他！
政長加油！

畠山義就　　畠山政長

家督之位是我的

是我的才對！

你們不准參與
畠山氏的私戰

足利義政

爭奪家督之位的政長與義就為堂兄弟。雖然義政下令禁止各武將參與繼位之爭，卻還是發展成勝元與持豐（宗全）之間的戰爭。

07 持續十年的應仁・文明之亂

應仁・文明之亂是室町時代後期發生的戰亂。
這場戰亂的主導人物是幕府的重臣細川氏與山名氏。

以畠山氏的家督之爭為契機，幕府重臣細川勝元與山名持豐（宗全）開戰，史稱「**應仁・文明之亂**」。起初，義政保持中立的態度，**但後來被勝元拉攏，表態支持東軍**。由於富子與義視都支持勝元，有了將軍家作為後盾的東軍明顯地占上風。然而，義視卻突然倒戈，轉為支持西軍。

戰亂之火遍及日本各地

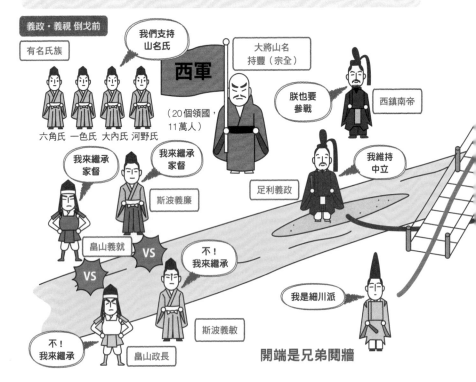

義政・義視 倒戈前

有名氏族

我們支持山名氏

大將山名持豐（宗全）

西軍

朕也要參戰

西鎮南帝

（20個領國，11萬人）

六角氏 一色氏 大內氏 河野氏

我來繼承家督

我來繼承家督

斯波義廉

足利義政

我維持中立

畠山義就 VS

不！我來繼承

我是細川派

斯波義敏

VS

不！我來繼承

畠山政長

開端是兄弟鬩牆

原本沒有將軍支持的西軍，陷入了師出無名的不利局面，但因為下任將軍義視倒戈加入西軍，使這場戰亂陷入僵局。**勝元與持豐（宗全）兩方雖進行了數次的議和交涉，但這場戰亂已經不只是二人之間的紛爭**。二人在這場戰爭中相繼離世，兩軍之爭卻沒有落幕，十年的時間過去，這場戰亂才完全終結。

▨ 義政的不負責任，導致戰況遲遲未有結果

若有義政的號令，應仁・文明之亂應該就能早早結束，但義政卻放著將軍的職務不管，讓這場戰亂持續了長達十年。

義政・義視 倒戈後

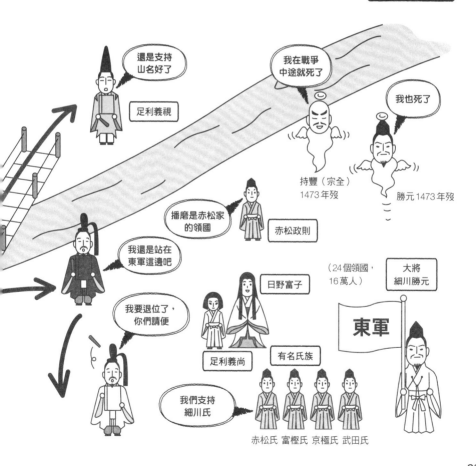

還是支持山名好了
足利義視

我在戰爭中途就死了

我也死了

持豐（宗全）1473年歿

勝元 1473年歿

播磨是赤松家的領國
赤松政則

我還是站在東軍這邊吧

日野富子

我要退位了，你們請便

足利義尚

（24個領國，16萬人）

大將 細川勝元

東軍

有名氏族

我們支持細川氏

赤松氏　富樫氏　京極氏　武田氏

23

1471 年

1400	1425	1450	1475	1500	1525	1550	1575	1600	1625

08

步步逼近的戰亂聲！
朝倉氏的叛變

在正式步入戰國時代之前，便可從慶仁・文明之亂
看出戰國時代的前兆。

慶仁・文明之亂時，便有人以臣子的身分討伐主君，也就是所謂的「**以下克上**」。那個人就是效忠斯波家的越前國人・朝倉孝景。孝景跟隨主君斯波義廉投奔西軍，是慶仁・文明之亂當中戰功赫赫的能人家臣。這時，**率領東軍的細川勝元卻以花言巧語拉攏孝景**，承諾孝景若倒戈加入東軍，便授予他守護一職。

原為越前國人的朝倉氏

將軍

越前的守護一職就
交給斯波氏吧

守護
斯波氏

越前是
我的領地

我的權力
僅次於斯波氏

守護代
甲斐氏

我要
往上爬～

國人
朝倉氏

以權威為根基的
室町幕府權力關係

在室町幕府尚有影響力的期間，包括朝倉氏，守護代、國人都堅守著上下尊卑的秩序。應仁・文明之亂發生後，才導致權力失去平衡。

　　區區一介國人成為守護，在室町時代可是前所未聞之事。即使孝景一如既往地效忠義廉，加入西軍屢建戰功，仍然不可能成為一國的守護。因此，孝景才會接受勝元的提議，倒戈投奔東軍。雖然後來朝倉氏遭到守護代甲斐氏的反擊，但在嫡子朝倉氏景掌權的時代，還是成功平定了越前。

從西軍倒戈投奔東軍，成為一國的守護！

斯波義廉

真是可靠啊

殺啊

倒戈的話，就讓你當守護喔

細川勝元

朝倉孝景

好強…

真的嗎!?

勝元拉攏身為西軍重要將領的孝景。

孝景跟隨守護‧義廉，作為西軍奮戰。

我們從今天開始就是東軍了！

守護斯波氏

越前是斯波氏的

守護代甲斐氏

朝倉這個叛徒！

越前就由朝倉氏來接管了

孝景倒戈加入東軍，與義廉成為敵人。

因倒戈加入東軍，朝倉氏遭到猛烈的反擊。

啊啊

雖然沒能立即成為守護，但朝倉氏在氏景的時代平定了越前，成為了越前的新領主。

09

室町後期的悲劇武將
慘遭誅殺的太田道灌

室町時代後期非常不安定。既有武將成功以下克上，也發生了「以上克下」，即家臣遭到主君誅殺。

享德3年（1454年），鎌倉公方・足利成氏暗殺關東管領・上杉憲忠。成氏是永享之亂時自盡的足利持氏之子，而憲忠則是將持氏逼上絕路的上杉憲時的長子。後來，**成氏被上杉氏追殺，因此遷移到下總古河，被稱為「古河公方」。**上杉氏為了對抗古河公方的軍隊勢力，開始修築城牆，此為江戶城的起源，而負責築城的人正是太田道灌。

由太田道灌所興建的江戶城

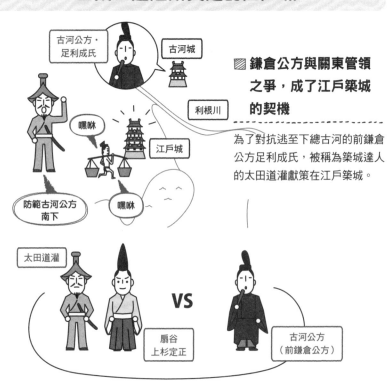

☑ 鎌倉公方與關東管領之爭，成了江戶築城的契機

為了對抗逃至下總古河的前鎌倉公方足利成氏，被稱為築城達人的太田道灌獻策在江戶築城。

太田家世代都是仕於扇谷上杉氏的家宰，是與古河公方爭鬥的扇谷上杉氏的優秀家臣，道灌參與過大大小小的戰爭，攻下一座又一座的城池，平定了長年紛爭不斷的關東。然而，主君扇谷上杉定正卻覺得這樣不妙，**相信了「道灌企圖奪取主家之位」的流言，親手誅殺了道灌**。

被主君懷疑而慘遭誅殺的道灌

真是個可靠的家臣

石神井城

道灌

小山田城

小機城

定正

道灌征戰各地，平定了關東。

關東可是上杉氏的領地

說不定哪天他就謀反了…

哇

道灌大人太厲害了

軍事戰略的模範！

定正懷疑聲名大噪的道灌意圖謀反。

覺悟吧

太過分了！

即使道灌誓死效忠定正，仍遭到主君親手誅殺。

作威作福的守財奴？
惡女「日野富子」

　　足利義政對於政治漠不關心，只沉迷於個人喜好，是室町幕府的無用將軍。其正室日野富子同樣也是個被稱為「惡女」、「守財奴」的惡名昭彰之人。

　　日野家本為藤原家的分支，也是名門望族。有著親戚關係的足利將軍家迎娶了16歲的富子為正室，富子在成婚4年後誕下期待已久的第一個孩子。然而，這個孩子出生不到半天便不幸夭折。富子到目前為止都是悲劇中的女主角，令她成為惡女的緣由則是後面發生的事 —— 富子認為孩子夭折是足利義政的乳母・今參局下的詛咒，於是流放了今參局。

　　另外，富子被世人評論為守財奴，則是因為她設置關所徵收關錢，以及從事高利貸業、以白米進行投機交易等等，若換算成現在幣值來看，其累積的資產超過了70億日圓。

　　雖然富子的惡評纏身，但在累積財富的方面似乎仍有可辯解的餘地。有說法認為，富子是代替紙醉金迷且沒用的義政，為了金錢四處奔走。

日本各地
興起的
戰國大名

日本各地發生多起以下克上事件，迎來了戰國大名激烈交戰的戰亂時代。本章節將按照年代一一解析成功擴大領土的諸位勇將的真實面貌。

01 第一位戰國武將入侵伊豆的北條早雲

當關東發生爭亂時，北條早雲便蓄勢待發。拉開「戰國時代」序幕，以下克上先驅者的成功祕訣是什麼呢？

明應2年（1493年），駿河興國寺的城主伊勢新九郎盛時，也就是**北條早雲，壓制了伊豆國**。北條早雲有計畫地攻擊伊豆，**宣布「無意作對者，可繼續持有其領地」，瞬間掌握人心**。另外，進攻伊豆時，北條早雲一得知西伊豆正在流行風疾，便派出眾家臣照顧病人，發揮出身為一名新領主的機智才能。

侵略伊豆，轉眼之間成為伊豆新領主

北條早雲入侵伊豆

駿河國的北條早雲趁伊豆國內混亂的時候，帶兵鎮壓伊豆。

北條早雲派出家臣照顧病人，讓伊豆人非常感激。

　迅速征服伊豆之後的三年，早雲都致力於內政，過了一段韜光養晦的時光。終於，他將下一個目標鎖定了鄰國相模的小田原城主・大森藤賴。文龜1年（1501年），**北條早雲以狩鹿為由取得入山許可，讓扮成獵人的士兵進入箱根山，隨後趁著大森氏放鬆警戒時，奪取小田原城**。永正13年（1516年），平定了相模國。

小田原城奪城大作戰

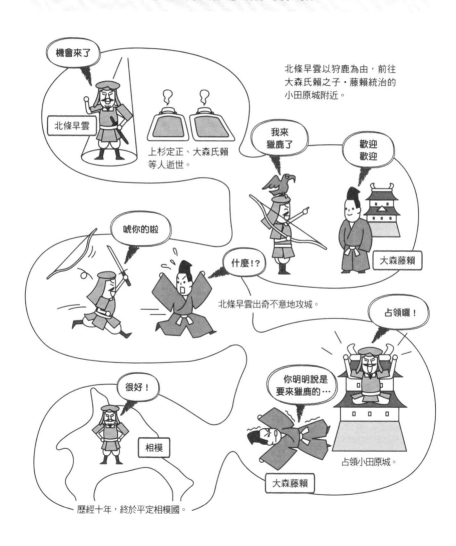

北條早雲以狩鹿為由，前往大森氏賴之子・藤賴統治的小田原城附近。

機會來了

北條早雲

上杉定正、大森氏賴等人逝世。

我來獵鹿了

歡迎歡迎

大森藤賴

唬你的啦

什麼!?

北條早雲出奇不意地攻城。

占領囉！

很好！

相模

你明明說是要來獵鹿的…

占領小田原城。

大森藤賴

歷經十年，終於平定相模國。

02 征戰甲斐國的年輕勇將 武田信虎

武田信虎年紀輕輕就成為當主,在武田一族的爭鬥之中獲勝,統一甲斐國。靠著強大的意志力壓制了諸位武將。

永正4年(1507年),由於父親信繩過世,14歲的武田信虎繼承了甲斐國守護一職,以及甲斐源氏嫡流武田宗家的家督之位。從比較清楚的紀錄來看,武田一族大約是自信虎往前追溯八代的信武一代便開始有歷史紀錄。自信武一代以來,**武田一族約有150年的時間都分布在甲斐國的各地**。信虎發揮了甲斐守護一族的權威,擴大武田家在甲斐國內的勢力。

年僅14歲便繼承武田家的家督

父親大人

武田信虎

再來就交給你了……

武田信繩
武田信繩逝世

腹背受敵

武田信虎

小山田彌太郎

栗原昌種

油川信惠

現在是大好機會

武田一族的內鬥再起

信繩之弟油川信惠等人蠢蠢欲動,找尋對信虎下手的時機。

　　守護一族的權威在領地的支配上雖具有優勢，但也容易讓族人圍繞著這個位子發生內鬥。在信虎繼承家督的翌年，叔父油川惠信與岩手、栗原等氏族聯合造反，但被信虎制服。信虎將武田家的據點移到古府中，建設政廳「**躑躅崎館**」，年僅14歲便統率了武田一族。

武田一族邁向統一之路

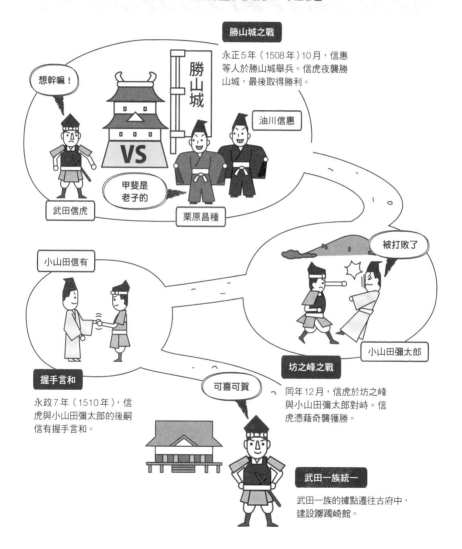

勝山城之戰

永正5年（1508年）10月，信惠等人於勝山城舉兵。信虎夜襲勝山城，最後取得勝利。

想幹嘛！

勝山城

VS

甲斐是老子的

武田信虎

油川信惠

栗原昌種

被打敗了

小山田信有

小山田彌太郎

坊之峰之戰

同年12月，信虎於坊之峰與小山田彌太郎對峙。信虎憑藉奇襲獲勝。

握手言和

永政7年（1510年），信虎與小山田彌太郎的後嗣信有握手言和。

可喜可賀

武田一族統一

武田一族的據點遷往古府中，建設躑躅崎館。

1508 年

1400	1425	1450	1475	1500	1525	1550	1575	1600	1625

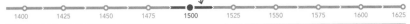

03 率先入京的戰國大名 大內義興

大內義興是稱霸中國地方的大大名。他擁戴前任將軍・義稙，
動身前往京都，也成功地進入了京都，然而……

第10代將軍・足利義稙因明應政變而逃亡至北陸，位於京城的管領・細川政元擁戴第11代將軍・義澄，手握幕府實權。義稙雖向政元展開攻擊，最後卻慘敗，只好前去投靠從前在應仁・文明之亂中擁戴其父義視的大內氏，寄居在周防國。永正4年（1507年），政元遭到暗殺，**大內義興隨即帶兵前往京城，擁戴義稙入京**。大內義興成功讓義稙重回將軍之位，而自己則成為管領代。

擁戴足利義稙入京

足利義稙敗給細川政元，
於是投靠大內義興。

入京後的大內義興驅逐細川澄元，擁戴足利義稙重回將軍之位。

被驅逐出京的前任將軍・義澄與細川澄元逃亡至近江，永正8年（1511年）再次侵略京城，但義興成功擊敗了澄元。然而，義興在京城的這段期間，其領國卻騷動不安。出雲國的守護代尼子經久蠢蠢欲動，安藝國的武田元繁也企圖叛離大內氏。因此，**義興只好放棄鞏固中央權力，永正15年（1518年）落魄地踏上歸國之路。**

為守護領國而放下京城

我可是將軍喔

還不是靠我的幫忙…

被打敗了！

京

吵死了

足利義稙　　大內義興

細川澄元

當大內義興與足利義稙爭鬥時，細川澄元趁機攻打京城，卻反而被擊敗。

出雲

大好機會！

什麼!?

出雲守護代尼子經久與安藝國的武田元繁覬覦義興的領國，使領國情勢不穩。

機會來了

尼子經久

安義

武田元繁

呿

有膽別跑！

為了守護領國，義興辭去了管領代一職，離開京城。

35

04 在東北蠢蠢欲動 伊達家的策略

伊達成宗進貢物品給幕府，伊達氏終於在成宗之孫・稙宗的時代，成功補任陸奧國的守護職。

奧州的伊達氏歷代以來都有個慣例，那就是**每當伊達家的當主換人時，新任當主都會前往京城請將軍賜偏諱**。第12代當主・成宗也依循此慣例，於文明15年（1483年）時前往京城。他積極地展開行動，第一站上門拜訪細川政國，接著還有前任將軍義政、將軍義尚、政所執事伊勢貞親、將軍之母日野富子、幕府的掌權者細川政元等達官顯要，一天之內便完成了巡迴拜訪。

伊達氏的打好幕府上層關係大作戰

成為第12代當主的伊達成宗前往京城，並依舊例巡迴登門拜訪。
據史料記載，這是一次規模相當大的行動。

One point

奧州兩州的大權掌握在擔任探題的大崎氏手裡（出羽一國則由大崎氏的支流最上氏支配）。

為了取悅幕府，成宗大手筆進貢了太刀28把、馬匹93頭、砂金380兩等貢禮。因此，40年後其孫植宗派遣使者面會新任將軍‧義晴時，隨即被任命為**陸奧國守護職**。由於幕府於奧州設置探題一職，因此守護一職空懸已久，歷代不斷進行的賄賂攻勢終於開花結果。**此後，伊達氏二話不說地中止了前往京都的慣例，為了強化領國支配力而四處奔波。**

室町幕府的第12代將軍‧足利義晴任命伊達家第14代當主植宗任奧陸國守護職。

05 制霸東海道的名將 今川義元繼承家督之位

駿河守護・今川氏為足利一門的分支，歷經了因家督繼承問題而內鬥的「花倉之亂」以後，變得更加強大。

永正16年（1519年），駿河國的守護・今川氏親的第五子呱呱墜地，4歲遁入佛門，法號梅岳承芳。**此人就是後來被稱為「海道一弓取（意即東海道第一武士）」的今川義元**。由於今川義元之上尚有同母兄長氏輝以及彥五郎，身為五男的他原本沒有機會繼承今川氏的家督，但氏輝以及下任家督繼承候選人彥五郎卻在天文5年（1536年）的同一日驟逝。

義元一度遁入佛門…

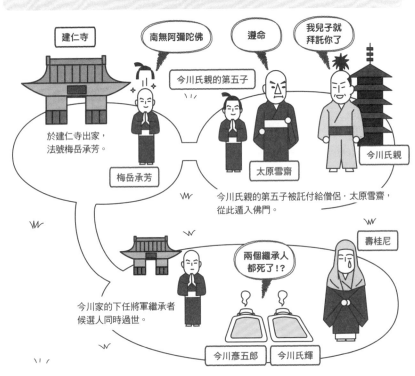

建仁寺

南無阿彌陀佛

遵命

我兒子就拜託你了

今川氏親的第五子

於建仁寺出家，法號梅岳承芳。

梅岳承芳

太原雪齋

今川氏親

今川氏親的第五子被託付給僧侶・太原雪齋，從此遁入佛門。

壽桂尼

兩個繼承人都死了!?

今川家的下任將軍繼承者候選人同時過世。

今川彥五郎　今川氏輝

　　應母親壽桂尼與諸位重臣的請求，身為正室之子的梅岳承芳還俗，並請足利將軍賜偏諱，取名義元。**然而，義元的繼位卻遭到有力家臣福島氏反對，情勢陷入混亂。福島氏擁戴義元的異母兄・玄廣惠探，舉旗造反。**在「**花倉之亂**」當中，支持義元的太原雪齋、岡部親綱等人奮力迎戰，壓制了惠探一派，最後惠探於普門寺自盡，結束了這場紛爭。此後，義元躋身戰國大名。

戰國大名・今川義元誕生

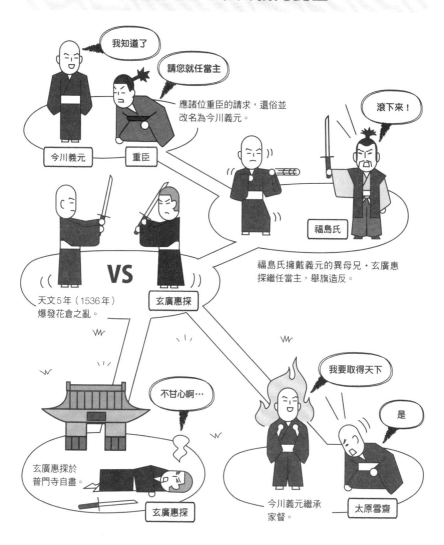

我知道了

請您就任當主

應諸位重臣的請求，還俗並改名為今川義元。

今川義元　　重臣

滾下來！

福島氏

VS

天文5年（1536年）爆發花倉之亂。

玄廣惠探

福島氏擁戴義元的異母兄・玄廣惠探繼任當主，舉旗造反。

不甘心啊…

玄廣惠探於普門寺自盡。

玄廣惠探

我要取得天下

是

今川義元繼承家督。

太原雪齋

1542 年

1400	1425	1450	1475	1500	1525	1550	1575	1600	1625

06 統一美濃的父子二代

齋藤道三原為賣油商人，最後竟坐上了美濃太守之位。事實上，這是一段橫跨父子二代的以下克上故事。

天文11年（1542年），**齋藤道三流放了自己的主君，也就是守護‧土岐賴藝，成功完成了以下克上，道三成為了名符其實的美濃國主**。道三之父長井新左衛門尉，曾為京都妙覺寺的修行僧，後來還俗並改名松波莊五郎，成為一名賣油商人。後來下鄉前往美濃，仕於土岐氏並改名西村勘九郎，後又改名長井新九郎，每一次改名，家業都變得更加壯大。

橫跨父子二代的以下克上人生

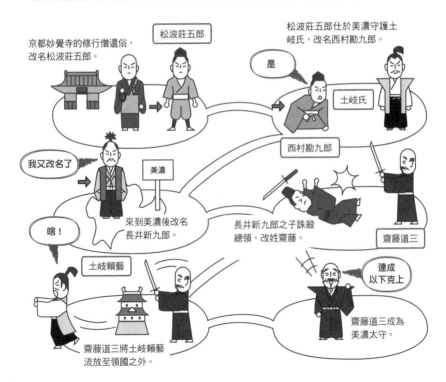

京都妙覺寺的修行僧還俗，改名松波莊五郎。

松波莊五郎

松波莊五郎仕於美濃守護土岐氏，改名西村勘九郎。

是

土岐氏

西村勘九郎

我又改名了

美濃

來到美濃後改名長井新九郎。

長井新九郎之子誅殺總領，改姓齋藤。

齋藤道三

啥！

土岐賴藝

達成以下克上

齋藤道三將土岐賴藝流放至領國之外。

齋藤道三成為美濃太守。

其子道三篡奪美濃守護代・齋藤氏的家督之位，改名為齋藤山城守秀龍。出家改名道三之後，將守護・賴藝拉下台。**天文 17 年（1548 年），道三與鄰國尾張的織田信秀締結攻守同盟。**傳聞信秀的嫡子・信長是一個大傻子，道三企圖在不久後從信長手中奪下尾張國，卻遭兒子義龍背叛而敗亡。

齋藤道三的大誤算

齋藤道三

好想要尾張國喔……

與尾張國的織田信秀締結攻守同盟。

織田信秀

要不要建立同盟啊？

若這個傻瓜當上當主，拿下尾張國是遲早的事…

齋藤道三將女兒・歸蝶嫁給了信秀的嫡子・信長。

看見信長的軍隊後，齋藤道三大吃一驚。

織田信長

這個男人原來很能幹…

我是下一任的當主

齋藤義龍

齋藤道三與嫡子・義龍對立。

齋藤道三在與義龍的戰鬥中戰死。

信長，再來就交給你了…

07 親手放逐生父的 甲斐之虎・武田信玄

武田晴信放逐了不斷發起遠征而使甲斐國陷入疲弊的生父・信虎。然而，晴信甚至比父親還要好戰。

　　統一甲斐國的武田信虎性格苛刻，又多次發起遠征，因而逐漸失去諸位重臣以及國人的支持。天文10年（1541年），遠征信濃歸國的信虎為了探訪女婿今川義元，前往駿河國。**其嫡子晴信便趁機封鎖國境，強制信虎隱居**。在這之後，晴信繼承了武田家家督以及甲斐國守護，他正是日後威名遠播的武將「武田信玄」。

放逐生父，繼承家督

打仗！打仗！
大家都跟我走！

武田信虎

武田晴信

才不跟你走呢…

板垣信方

武田信虎的性格苛刻，因此逐漸被重臣疏遠。

真糟糕…

甘利虎泰

給我封鎖國境！

啊！

竟敢背叛父親！

晴信迫使信虎隱居，並且繼承武田家的家督。

晴信趁著信虎前往駿河之際，封鎖了國境。

武田信虎

武田晴信

　　天文11年（1542年），信玄攻擊妹婿諏訪賴重，使賴重切腹自盡。接著旋即討伐先前叛逃的高遠賴繼，奪取了要衝・上原城。再來又為了侵略伊那、佐久，與信濃國守護小笠原長時以及北信濃的土豪・村上義清等人相爭。**天文21年（1552年），長時被放逐至越後，義清也於翌年放逐至越後，橫跨十年的信濃攻占計畫終於有了結果。**

武田晴信統一南北信濃

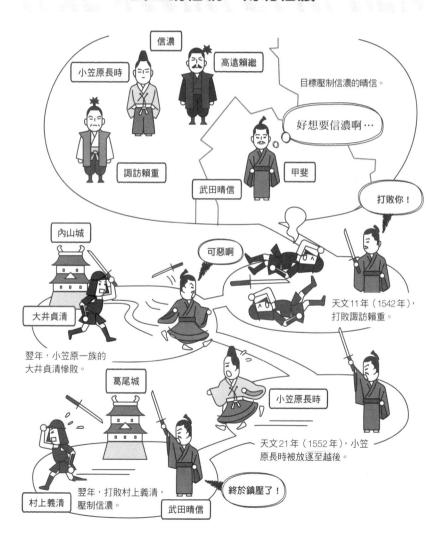

信濃

小笠原長時

高遠賴繼

目標壓制信濃的晴信。

好想要信濃啊…

諏訪賴重

武田晴信

甲斐

打敗你！

內山城

可惡啊

天文11年（1542年），
打敗諏訪賴重。

大井貞清

翌年，小笠原一族的
大井貞清慘敗。

葛尾城

小笠原長時

天文21年（1552年），小笠
原長時被放逐至越後。

翌年，打敗村上義清，
壓制信濃。

村上義清

終於鎮壓了！

武田晴信

08 驅逐關東舊勢力！
持續進攻的北條氏

北條氏擴大勢力，使得鎌倉公方（古河公方）足利氏與
關東管領上杉氏喪失威信。

　　大永4年（1524年）起，北條氏與支配武藏國的扇谷上杉氏圍繞著扇谷上杉氏的居城・河越城，展開了無數次的爭奪戰。北條氏的第2代家督・氏綱逐一攻下江戶城及河越城，將扇谷上杉氏逼至滅亡邊緣。然而，氏綱卻於天文10年（1541年）逝世，**年輕的氏康繼任家督後情勢大變，反北條的狼煙四起。**

北條氏與扇谷上杉氏圍繞著河越城的戰爭

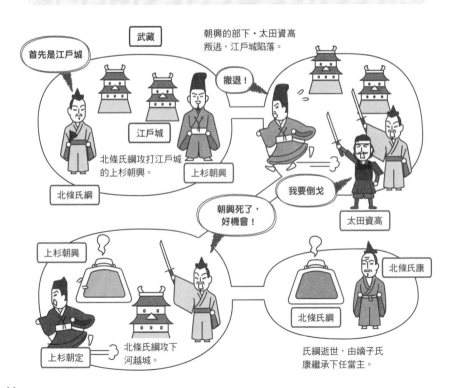

首先是江戶城

武藏

朝興的部下・太田資高
叛逃，江戶城陷落。

撤退！

江戶城

北條氏綱攻打江戶城
的上杉朝興。

上杉朝興

北條氏綱

我要倒戈

朝興死了，
好機會！

太田資高

上杉朝興

北條氏康

北條氏綱攻下
河越城。

上杉朝定

北條氏綱

氏綱逝世，由嫡子氏
康繼承下任當主。

駿河的今川義元與山內上杉氏勾結，侵略駿河國內的北條領。與今川的對戰中，扇谷上杉朝定、山內上杉憲政、古河公方・足利晴氏等人組成的八萬大軍包圍了**河越城**。因武田氏介入斡旋，與今川握手言和的氏康立刻返回河越城，夜襲了兩上杉的陣營，以區區一萬的兵力擊破包圍軍。**北條氏因此次夜襲的勝利，成為關東的霸主。**

因河越夜戰的勝利，成為關東的霸主

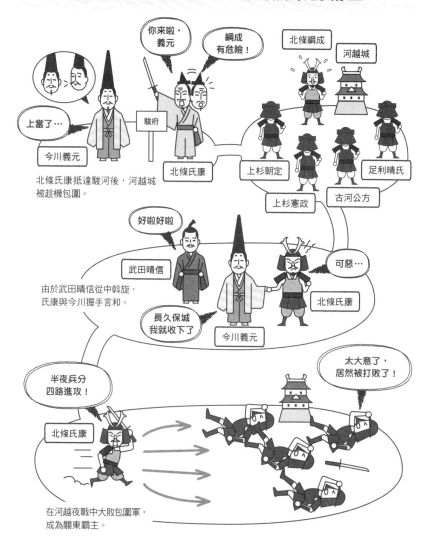

北條氏康抵達駿河後，河越城被趁機包圍。

由於武田晴信從中斡旋，氏康與今川握手言和。

在河越夜戰中大敗包圍軍，成為關東霸主。

09 重組家臣團 鞏固地盤的伊達晴宗

伊達氏是自鎌倉以來的名門望族，藉著遷移居城的機會，
重新整編家臣團。鞏固內部的伊達氏，終於開始擴大版圖。

伊達氏第15代當主・晴宗於天文17年（1548年）時，將伊達氏的據點由
發祥地陸奧國伊達郡遷往出羽國置賜郡・米澤城。遷城之際，伊達氏稱知行地
（所領）證明書需重新換發，令家臣團交出舊的知行宛行狀，然後頒予新的證
書。**伊達氏透過沒收舊的知行地，然後分配新的知行地，製作出新時代的軍事
力量不可或缺的兵役冊**。

伊達晴宗將據點遷往米澤，進行大改革

從今天
開始改革！

伊達晴宗

越後

出羽

米澤城

陸奧

西山城

置賜郡

伊達郡

One point

晴宗製作兵役冊，
掌握了家臣團的知
行地。如此一來，
也能順利進行租稅
的徵收。

你是這邊，
你是那邊

伊達家的據點由陸奧國伊
達郡的桑折西山城，遷往
出羽國置賜郡的米澤城。

晴宗沒收家臣團舊的知行地，
重新分配新的知行地。

晴宗從父親稙宗手中接下家督之位的過程並不順利。**他在天文之亂這場壯烈的父子之爭中勝出，才繼承了家督之位。**若要重新整編因父子之爭而動搖的家臣團，製作新的兵役冊就成了不可或缺的關鍵。伊達家的家臣實際約有 400 人以上，而兵役冊在確立這些家臣的排序時發揮了作用。成功重建伊達家的晴宗，接下來的目標便是擴大領土。

骨肉相爭的天文之亂

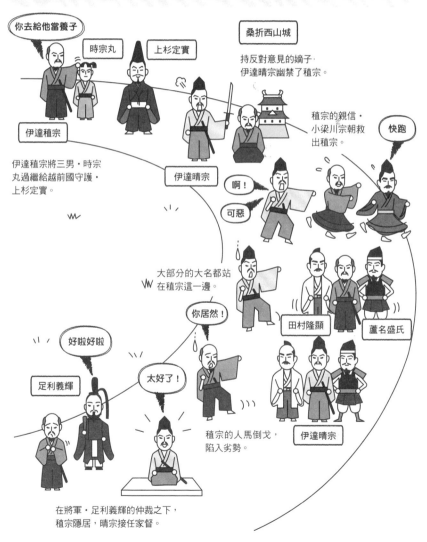

你去給他當養子

時宗丸

上杉定實

桑折西山城

持反對意見的嫡子·
伊達晴宗幽禁了稙宗。

伊達稙宗

伊達稙宗將三男·時宗
丸過繼給越前國守護·
上杉定實。

伊達晴宗

啊！

可惡

稙宗的親信·
小梁川宗朝救
出稙宗。

快跑

大部分的大名都站
在稙宗這一邊。

你居然！

好啦好啦

足利義輝

太好了！

田村隆顯

蘆名盛氏

伊達晴宗

稙宗的人馬倒戈，
陷入劣勢。

在將軍·足利義輝的仲裁之下，
稙宗隱居，晴宗接任家督。

47

10 接任當主嶄露頭角的越後之龍・上杉謙信

越後國的上杉謙信取代兄長成為越後守護代・長尾氏的當主，此後成為了戰國大名。

越後守護代・長尾為景逝世後，由嫡子晴景繼承其位，然而晴景卻讓被父親下令幽禁的上杉定實再次任職越後守護，搖擺不定的政策引起國人的反彈。**許多國人選擇捨棄晴景，擁戴其弟・長尾景虎（後來的上杉謙信）。**天文17年（1548年），在上杉定實的居中斡旋之下，弟弟景虎成為兄長晴景的養子，繼任長尾氏的家督。

成為兄長的繼承人，當上長尾家的當主

讓晴景繼承

長尾為景
繼承長尾家的嫡子・晴景讓上杉定實擔任越後守護。

交給我吧

反對
上杉定實

反對這次的人事安排！

受死吧！
晴景之弟・長尾景虎討伐謀反者・黑田秀忠。

黑田秀忠

景虎派　晴景派
長尾家分成了景虎派與晴景派，兩派人馬僵持不下。

家督的位子讓給你

很好
長尾景虎

長尾晴景

在上杉定實的居中斡旋之下，由景虎繼任家督，成為守護代。

繼承家督之位的景虎，與分家的上田長尾氏、古志長尾氏聯手，企圖讓長尾氏完全支配越後。不過，控制通往關東的出入口「關門」的上田長尾氏‧長尾政景不滿景虎繼承家督，因此起兵造反。**景虎鎮壓了造反的軍隊，並且將政景拉攏至同一陣營，成功地完全掌握越後國，確保了通往關東的幹道**，成功開拓了進軍關東之路。

完全掌握越後國

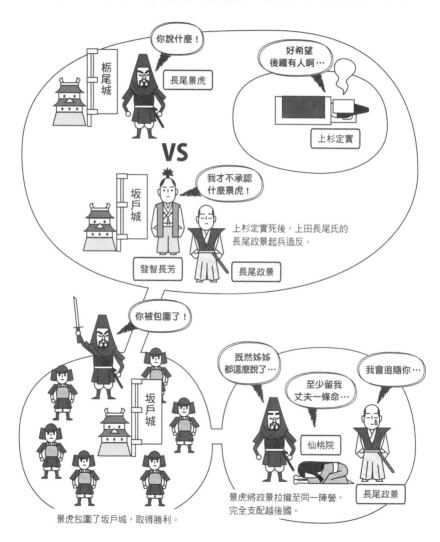

景虎包圍了坂戶城，取得勝利。

景虎將政景拉攏至同一陣營，完全支配越後國。

第一位接近天下之人！
畿內的掌權者・三好長慶

三好政權從一介阿波守護代，壯大到建立起畿內的龐大勢力，完全掌握幕府實權，成為了實質上的中央政權。

三好氏為小笠元氏的旁支，室町時代時為阿波守護細川氏的守護代。大永6年（1526年），三好元長與其主君細川晴元，以及受阿波細川氏庇護的第11代將軍義澄之子足利義維（堺公方）共同擴大勢力，於翌年占領京都。然而，晴元與第12代將軍晴義逐步達成和解，晴元與元長的交情就此決裂。後來，**元長遭晴元策劃的一向一揆軍追殺，最終自盡。**

即使打敗高國，三好長元仍遭追殺而自盡

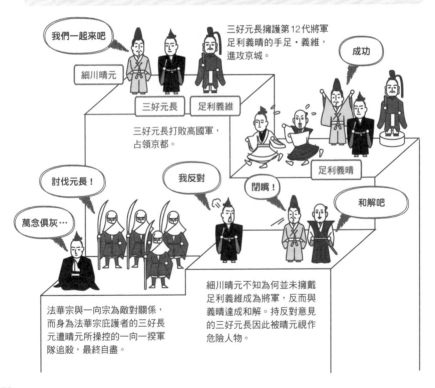

我們一起來吧

細川晴元

三好元長

足利義維

三好元長擁護第12代將軍足利義晴的手足・義維，進攻京城。

三好元長打敗高國軍，占領京都。

成功

足利義晴

討伐元長！

我反對

閉嘴！

和解吧

萬念俱灰…

法華宗與一向宗為敵對關係，而身為法華宗庇護者的三好長元遭晴元所操控的一向一揆軍隊追殺，最終自盡。

細川晴元不知為何並未擁戴足利義維成為將軍，反而與義晴達成和解。持反對意見的三好元長因此被晴元視作危險人物。

　　元長死後，由年僅10歲的嫡子長慶繼承其位，三好氏的勢力一夕之間消退。然而，長大後的長慶成為一名智勇兼備的名將。**他將三好氏的據點從阿波遷往攝津之後，一一擊破害死父親的敵對勢力，確立了他在細川家中更勝其父的勢力。**天文18年（1549年），長慶背叛細川晴元，將軍義晴和晴元逃亡至大津，而長慶控制了京都，開創三好氏的巔峰時期。

成為畿內霸主的長慶

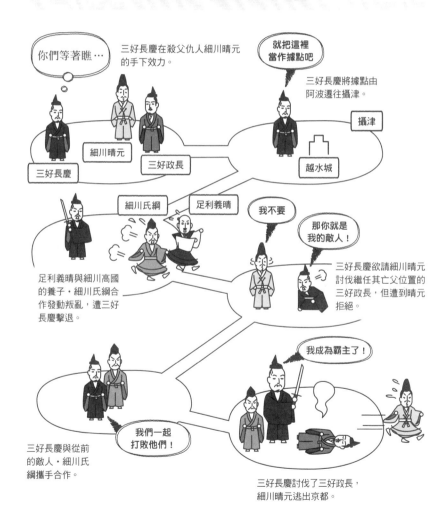

你們等著瞧…

三好長慶在殺父仇人細川晴元的手下效力。

細川晴元

三好政長

三好長慶

就把這裡當作據點吧

三好長慶將據點由阿波遷往攝津。

攝津

越水城

細川氏綱　足利義晴

我不要

那你就是我的敵人！

三好長慶欲請細川晴元討伐繼任其亡父位置的三好政長，但遭到晴元拒絕。

足利義晴與細川高國的養子・細川氏綱合作發動叛亂，遭三好長慶擊退。

我成為霸主了！

我們一起打敗他們！

三好長慶與從前的敵人・細川氏綱攜手合作。

三好長慶討伐了三好政長，細川晴元逃出京都。

12 激烈萬分的九州戰國史 島津氏抬頭

據說島津氏是源賴朝的後裔。島津氏雖為薩摩、大隅、日向的守護，但直到貴久的時代才建立起相應的勢力。

島津貴久為島津氏分家・伊作島津家的島津忠良（日新齋）之子，在他繼承了島津宗家的家督之後，島津家才作為戰國大名開始逐漸壯大。身為貴久監護人的忠良影響貴久很深，被稱作**島津氏中興之祖**。而貴久本身也是一位英明的主君，**在父子二人的掌政下，透過琉球進行對明朝的貿易、與葡萄牙人貿易往來、整備城下町、振興養鹽業等產業，島津氏的勢力有了顯著的成長。**

透過海外貿易增強國力

好槍和好馬來囉！

槍枝

馬匹

葡萄牙人的船隻

貴久透過葡萄牙船隻等途徑引進了鐵砲及馬匹。據說貴久是第一個在實戰當中使用槍枝的人。

養鹽

貴久利用貿易的獲利整備城下町，以及振興養鹽業等產業。

島津忠良

島津貴久

我們跟薩摩關係良好

尚元王

琉球

貴久與琉球的尚元王維持友好關係，透過琉球進行對明貿易。

One point

允許傳教士聖方濟沙勿略宣傳天主教的人也是貴久（後來被禁止）。

自從繼承島津宗家以來，貴久平定了發動叛亂的島津族人以及眾國人，天文8年（1539年），身為薩摩守護的貴久成了名符其實的國主。此後，貴久仍與國內的反對勢力對抗，並且將觸手伸向薩摩守護島津氏無法支配的大隅國。永祿9年（1566年），貴久將家督之位讓給嫡子義久。義久與弟弟義弘、歲久、家久齊力擊破大友氏、龍造寺氏。**島津氏的勢力範圍擴展，幾乎統一了九州**。

父子二代幾乎統一了九州

13 永遠的對手 武田信玄與上杉謙信

甲斐國的武田信玄與越後國的上杉謙信圍繞著北信濃的支配
權展開激烈的戰鬥，史稱「川中島合戰」。

目標奪回北信濃與力豪族領地的上杉方，與目標完全壓制北信濃的武田方於天文22年（1553年）至永祿7年（1561年）之間，進行了五次交戰。在這五次的戰役之中，**戰況最為激烈的一場為永祿4年（1561年）的第四次川中島合戰**。上杉軍於妻女山布陣，位在武田軍的據點海津城的西南方。而信玄接獲來自海津城的「越後氏襲來」消息後，決定親自上陣，並於茶臼山布陣。

戰況最激烈的第四次川中島之戰

8月15日～9月9日

已於善光寺布陣的上杉謙信舉兵南下，登上妻女山再次布陣。武田信玄則前往隔著千曲川與妻女山對峙的鹽崎城，然後再前往海津城。

善光寺

信玄
你這傢伙！

犀川

茶臼山

千曲川

武田軍

鹽崎城

妻女山

海津城

我就在這裡
待機

上杉軍

就在這裡
布陣

武田方採取兵分兩路的「**啄木鳥戰法**」，先由分隊襲擊妻女山，將上杉軍驅趕至八幡原，再由布陣於八幡原的本隊迎頭痛擊，但此戰法被謙信識破，武田本隊遭到奇襲。武田軍陷入劣勢，信玄之弟信繁以及軍師山本勘助等將領一一陣亡，但此時折返的武田分隊與本隊形成了夾擊上杉軍的陣勢，迫使上杉軍撤退至普光寺。**這可以說是一場前半上杉獲勝、後半武田獲勝的激戰。**

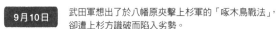

9月10日 武田軍想出了於八幡原夾擊上杉軍的「啄木鳥戰法」，卻遭上杉方識破而陷入劣勢。

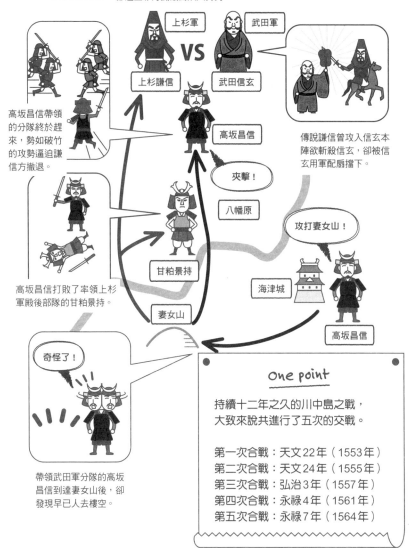

上杉軍

武田軍

上杉謙信 武田信玄

VS

高坂昌信帶領的分隊終於趕來，勢如破竹的攻勢逼迫謙信方撤退。

高坂昌信

傳說謙信曾攻入信玄本陣欲斬殺信玄，卻被信玄用軍配扇擋下。

夾擊！

八幡原

攻打妻女山！

甘粕景持

海津城

高坂昌信打敗了率領上杉軍殿後部隊的甘粕景持。

妻女山

高坂昌信

奇怪了！

帶領武田軍分隊的高坂昌信到達妻女山後，卻發現早已人去樓空。

one point

持續十二年之久的川中島之戰，
大致來說共進行了五次的交戰。

第一次合戰：天文22年（1553年）
第二次合戰：天文24年（1555年）
第三次合戰：弘治3年（1557年）
第四次合戰：永祿4年（1561年）
第五次合戰：永祿7年（1564年）

14 巨大的聯合國現形！甲相駿三國同盟

由武田氏、北條氏及今川氏締結的甲相駿三國同盟，促使戰國時代的尾聲——天下統一的時機加速來臨。

天文23年（1554年），武田氏、北條氏及今川氏締結同盟，也就是所謂的**「善得寺會盟」，又稱作「甲相駿三國同盟」，過去作對的這三個國家之所以結盟，是因為彼此都看準了結盟之後不用擔心有人會從背後襲擊，得以擴大各自的勢力範圍**。武田氏藉此對越後國的上杉氏施加壓力，北條氏得以專心致力於稱霸關東，今川氏則是將目光鎖定在西邊，企圖往西擴大勢力範圍。

因利害關係而成立的甲相駿三國同盟

武田信玄、今川義元與北條氏康，彼此之間基於利害關係而必須結盟。

上杉謙信

我現在想要攻打信濃國，所以還是先結盟比較好，也算是給上杉一點壓力

甲斐
武田信玄

相模
北條氏康

信濃

織田信長

駿河
今川義元

我對上洛※沒有興趣，不過為了稱霸關東，還是先結盟比較有利

為了攻打尾張的織田，還是結盟好了

※上洛：戰國大名率兵進入京都，宣示霸權的軍事行動。

天文21年（1552年），義元之女嶺松院嫁給信玄嫡子・義信為正室；翌年，信玄之女黃梅院嫁給氏康嫡子・氏政為正室；再隔年，氏康之女早川殿嫁給義元嫡子・氏真為正室，以聯姻作為同盟的軸心。然而，**當義元於桶狹間之戰陣亡後，同盟關係開始動搖。永祿11年（1568年）信玄侵略駿河，氏康為救援女婿氏真而派出援軍，三國同盟就此瓦解。**

甲相駿三國同盟的末路

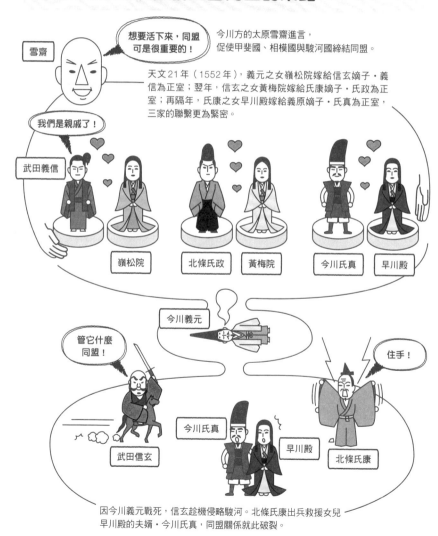

雪齋

想要活下來，同盟可是很重要的！

今川方的太原雪齋進言，促使甲斐國、相模國與駿河國締結同盟。

天文21年（1552年），義元之女嶺松院嫁給信玄嫡子・義信為正室；翌年，信玄之女黃梅院嫁給氏康嫡子・氏政為正室；再隔年，氏康之女早川殿嫁給義原嫡子・氏真為正室，三家的聯繫更為緊密。

我們是親戚了！

武田義信　嶺松院　北條氏政　黃梅院　今川氏真　早川殿

今川義元

管它什麼同盟！

住手！

武田信玄　今川氏真　早川殿　北條氏康

因今川義元戰死，信玄趁機侵略駿河。北條氏康出兵救援女兒早川殿的夫婿・今川氏真，同盟關係就此破裂。

15 在嚴島之戰獲勝 毛利元就的崛起

毛利氏原本只不過是安藝國吉田莊的一介國人。後來因謀將毛利元就的出現，使毛利氏一舉登上戰國的主要舞台。

毛利氏為鎌倉幕府的初代政所別當‧大江廣源的後裔。大永3年（1523年），繼承家督的**毛利元就將次子元春與三子德壽丸（隆景）分別過繼給吉川氏、小早川氏，讓這兩家成為毛利本家的藩屏，確立兩川體制。**毛利元就將家督之位讓給嫡子隆元之後，消滅了作威作福的重臣井上氏，建立起獨裁體制。然而就在此時，有如同盟主般存在的大內義隆卻遭家臣陶晴賢討伐。

毛利兩川體制的成立

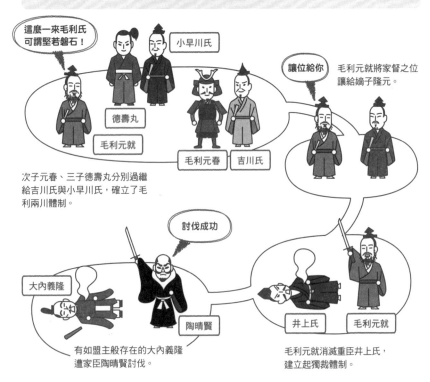

這麼一來毛利氏可謂堅若磐石！

小早川氏

德壽丸

毛利元就

毛利元春　吉川氏

次子元春、三子德壽丸分別過繼給吉川氏與小早川氏，確立了毛利兩川體制。

讓位給你

毛利元就將家督之位讓給嫡子隆元。

討伐成功

大內義隆

陶晴賢

有如同盟主般存在的大內義隆遭家臣陶晴賢討伐。

井上氏　毛利元就

毛利元就消滅重臣井上氏，建立起獨裁體制。

元就本來就同意晴賢換掉大內氏的當主，因此二人的關係原本非常良好。然而，晴賢對逐漸壯大的毛利氏開始產生警戒心。後來雙方決裂，弘治元年（1555年），晴賢率領大軍登上嚴島，卻遭毛利軍奇襲。大軍在狹小的島內你推我擠，進退不得，最後全線崩潰，**晴賢自盡，中國地方的大大名・大內氏從此衰退凋落。取而代之的毛利氏自詡為中國地方的霸主。**

在嚴島合戰獲勝，成為中國地方的霸主

毛利・吉川的軍隊趁著黑夜登上嚴島，從背後突襲陶軍本隊，並與從嚴島神社西岸上岸的小早川軍及宮尾城守備軍前後呼應，一舉攻打陶軍。遭到前後夾擊的陶軍陷入混亂，天亮之前毛利方就取得了勝利。

兵3500
吉川・毛利軍

草津城

兵500
宮尾城守備軍

宮尾城

吉川元春

毛利元就

嚴島神社

小早川軍

瀨戶內海

兵1500
小早川隆景

彌山

陶晴賢

兵2萬
陶軍

嚴島

繪馬之岳

咦？從背後!?

16 躍居四國霸主的鬼若子 長宗我部元親

被揶揄是「無鳥之島的蝙蝠」的長宗我部元親，從土佐的 一介國人，成為稱霸四國全土的「土佐的成功者」。

　　守護細川氏的影響力因慶仁‧文明之亂而衰退，土佐的在地豪族開始擴展勢力。戰國時代的土佐有七個豪族，統稱「土佐七雄」，其中之一就是長宗我部氏。**戰國時代初期，土佐七雄當中最弱的長宗我部氏在第19代家督兼序當家時遭到其他豪族攻陷居城‧岡豐城，勢力衰退。**兼序的遺孤逃亡至土佐一條氏的據點中村，長大後起名國親。

領國遭到攻陷的長宗我部兼序

細川政元

長宗我部兼序

長宗我部兼序仕於守護細川政元。

長宗我部兼序令其它的土佐豪族反感。

真傲慢…

主公！

細川政元遭到暗殺。

好機會！

岡豐城

山本氏、山田氏等豪族攻陷居城‧岡豐城。

拼了

長宗我部國親

兼序的兒子‧長宗我部國親繼承家督。

長宗我部兼序逃出居城，成了亡命之徒。

在一條房家的庇護之下，成功討回岡豐城的國親於永祿3年（1560年）病逝，由嫡子元親繼承家督。元親承繼父親的遺志，消滅了宿敵山本氏、安藝氏，並趁著內亂的機會將一條氏變成其傀儡，完全平定土佐國。而且，**元親還以位於四國中央的阿波‧白地城為據點，積極地將勢力拓展到伊予、阿波、讚歧**。天正13年（1585年）時，幾乎平定了整個四國。

長宗我部元親幾乎平定了四國

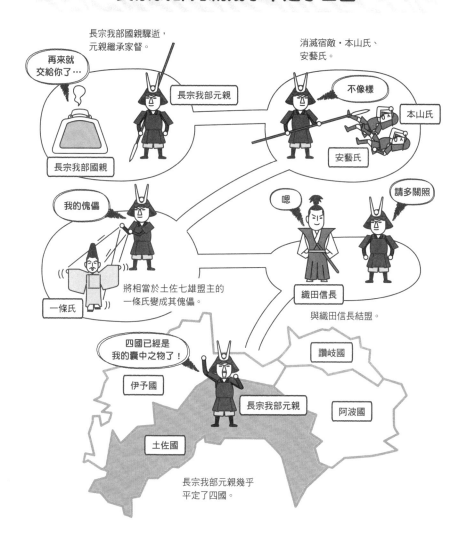

再來就交給你了…

長宗我部國親驟逝，元親繼承家督。

長宗我部元親

長宗我部國親

消滅宿敵‧本山氏、安藝氏。

不像樣

本山氏

安藝氏

我的傀儡

將相當於土佐七雄盟主的一條氏變成其傀儡。

一條氏

嗯

請多關照

織田信長

與織田信長結盟。

四國已經是我的囊中之物了！

長宗我部元親

讚岐國

伊予國

阿波國

土佐國

長宗我部元親幾乎平定了四國。

北條早雲強大的祕訣 在於營養滿分的飲食

　　一般都認為北條早雲（伊勢盛時）享年88歲，是個大器晚成型的英雄。然而，近年來有愈來愈多的人認為他應該是生於康正2年（1456年），而非永享4年（1432年）。

　　即使如此，北條早雲仍活了64年。而且，他在過世的前一年仍未將家督之位傳給嫡子・氏綱，也還在前線殺敵，從這一點便可知道他的身體相當健康。順帶一提，在他制定的「早雲寺殿廿一箇條」當中，也看得出他相當注重健康的飲食生活。

　　傳說，北條早雲每天都要吃五碗糙米飯，還有裝滿蔬菜的味噌湯、近海捕撈的新鮮魚貝類或海藻，以及每天不可缺少的酸梅乾。

　　新鮮的海鮮、蔬菜對身體健康有益無害，糙米含有豐富的維生素及礦物質，酸梅乾則含有大量可分解疲勞物質的檸檬酸。因為這份有科學根據的健康飲食，成就了早雲的霸業以及其老當益壯的氣勢，這樣說一點都不為過。

目標
一統天下的
風雲人物・
織田信長

首位揭示一統天下意圖的戰國大
名・織田信長。這位洞悉新時
代的天才策士，即使遭周
邊國家虎視眈眈，仍然
發揮其才智，讓名聲
響遍全國。

1551 年

						1550			
1400	1425	1450	1475	1500	1525	**1550**	1575	1600	1625

01 生於戰國亂世的 「大傻瓜」織田信長

信長出身於尾張下四郡守護代的三奉行，他能夠飛黃騰達，父親信秀、祖父信定的高瞻遠矚功不可沒。

室町時代，尾張國守護職由足利氏的後代，同時也是三管領之一的斯波家世襲。在尾張國的八郡之中，上四郡由擔任守護代的岩倉織田家管理，清須織田家則擔任下四郡的守護代，並以清須城為居城。**清須織田家的分支，亦為清須三奉行之一的「彈正忠家」，誕生了名震戰國時代的武將・信長。**

信長誕生時的尾張勢力圖

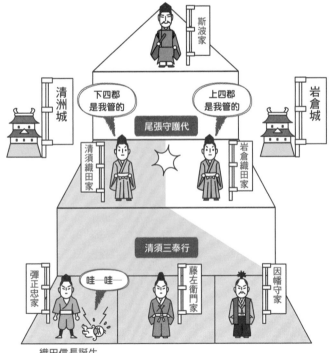

織田信長誕生

　　信長的祖父信定控制島津神社的門前町・津島，其子信秀則控制熱田神宮的門前町・熱田，父子二人掌握著伊勢灣的經濟流通據點。**彈正忠家所支配的領地僅占尾張國的數分之一，卻能進貢朝廷數量龐大的金錢，由此可知彈正忠家驚人的經濟實力。**信長以其地盤為本營，打倒清須、岩倉織田兩家，並且驅逐了守護斯波家，成為名符其實的**尾張國主**。

織田信長登上尾張的巔峰

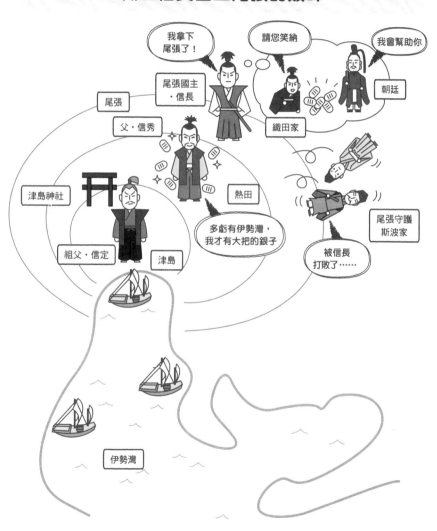

02 面對來勢洶洶的今川軍
信長在桶狹間大獲全勝

自父親‧信秀一代以來就與織田家互爭三河等地的「海道一弓取」今川義元進攻尾張。信長的命運將會如何？

永祿3年（1560年），統治著駿、遠、三等三國，又攻下尾張南部的的今川義元，率領兩萬五千（一說為四萬）大軍入侵尾張。義元因締結甲相駿三國同盟而無後顧之憂，而織田家面對如此大軍，不知該守城、迎戰或是投降，內部意見無法統一。然而就在織田家做出決定前，前線的丸根、鷲津砦就遭到今川軍的猛烈攻擊。**信長接獲消息之後，立刻率領親信出擊清須。**

即將掌握天下的今川義元之末路

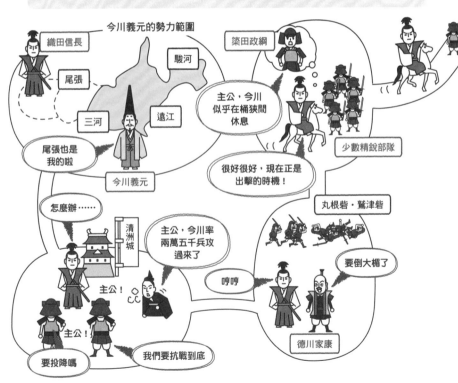

織田信長

今川義元的勢力範圍

駿河

尾張

三河

遠江

今川義元

尾張也是我的啦

築田政綱

主公，今川似乎在桶狹間休息

少數精銳部隊

很好很好，現在正是出擊的時機！

丸根砦‧鷲津砦

怎麼辦……

清洲城

主公，今川率兩萬五千兵攻過來了

哼哼

要倒大楣了

主公！

主公！

德川家康

要投降嗎

我們要抗戰到底

信長在中途與增援部隊匯合之後繼續往東前進，但丸根、鷲津砦已淪陷。午後天降豪雨，信長在桶狹間發現正在休息的義元本隊，於是出兵襲擊。主將義元遭到斬殺，今川軍兵敗如山倒。**信長統一部隊的意見，唯一的目標就是取義元的首級，以及賞賜在此戰傳遞今川本隊位置的簗田政綱一等功勳。從這些事情就能看出信長重視情報的態度。**

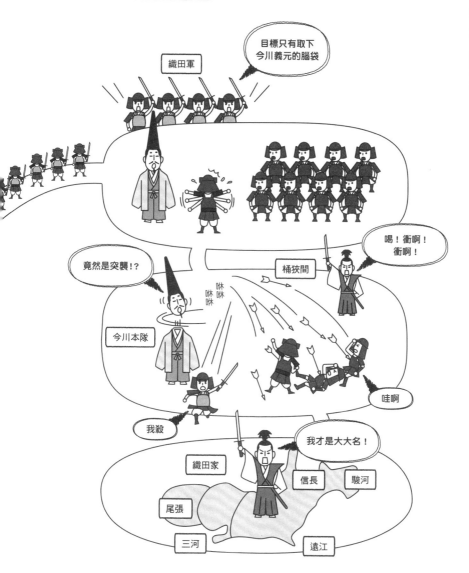

03 整合三河勢力的 信長盟友・德川家康

桶狹間之戰結束後，德川家康有意在三河獨立。但他最大的敵人不是今川氏，也不是織田氏，而是「一向宗」。

西三河與北陸並列為淨土真宗本願寺派（一向宗）的香火鼎盛之地，也有許多虔誠的武士信徒。本證寺、上宮寺與勝鬘寺並稱為三河觸頭三寺院，對於家康的家臣・菅沼定顯從上宮寺徵收糧米（或因西尾城主・酒井正親逮捕了逃入本證寺的罪犯）一事，眾寺院認為「守護使不入」的特權遭到侵犯而憤怒不已，於是同時起義。

與三河一向一揆戰鬥的家康

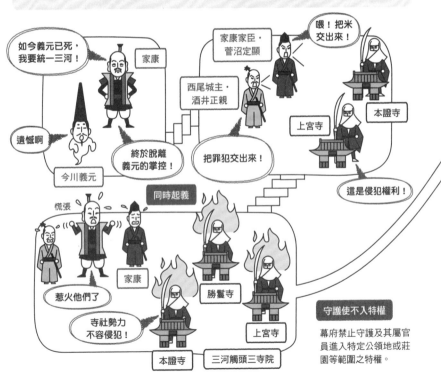

如今義元已死，我要統一三河！

家康

喂！把米交出來！

家康家臣・菅沼定顯

西尾城主・酒井正親

上宮寺

本證寺

遺憾啊

今川義元

終於脫離義元的掌控！

把罪犯交出來！

這是侵犯權利！

同時起義

慌張

惹火他們了

家康

勝鬘寺

寺社勢力不容侵犯！

上宮寺

本證寺　三河觸頭三寺院

守護使不入特權

幕府禁止守護及其屬官員進入特定公領地或莊園等範圍之特權。

後年，因對主君忠心而頗負盛名的三河武士團，也在此時一分為二。原本，許多武士因在戰場上與家康不睦而逃離戰場，形成不了戰力。後來卻是一揆方漸居下風，於是雙方在永祿7年（1564年）達成和議。**家康利用「恢復寺院」的條件，將計就計拆毀寺院，回到建造寺院之前的狀態，他靠著強大的意志力，使三河再度合而為一。**

三河一分為二

跟隨一向宗

反家康勢力

一向宗

你們這些叛徒！

本多正信

蜂屋貞次

夏目吉信

家康勢力

家康的前家臣團

兩方激烈衝突

快逃啊

咦？怎麼逃跑了？

真沒用

跟一揆劃清界線

前家臣

家康大人來了！大事不妙！

哇啊

什麼！跟說好的不一樣啊！

家康

一向宗

我會讓寺院恢復如初！

看吧！回到沒有寺院的時代啦！

兩方握手言和

04 接二連三的以下克上！體現戰國作風的松永久秀

松永久秀被信長評為「幹了三大惡事的舉世惡徒」，是個廣為人知的以下克上體現者。

在畿內的掌權者‧三好長慶死後，出仕於三好氏的松永久秀發起了數次的以下克上。**他先與三好氏的重臣‧三好三人眾攜手合作，讓身為長慶繼承人的義繼成為傀儡，成功篡奪了主家。**後來在永祿8年（1565年）殺害了想要恢復將軍權力的第13代將軍‧足利義輝。然後，久秀因主導權的問題與三人眾對立，於是放火燒了三人眾據守的東大寺。

松永久秀的人生階梯

戰國的黑暗英雄

松永久秀的所作所為連信長都說是「三大惡事」。他藉此擴張了勢力，被評論為戰國的黑暗英雄。

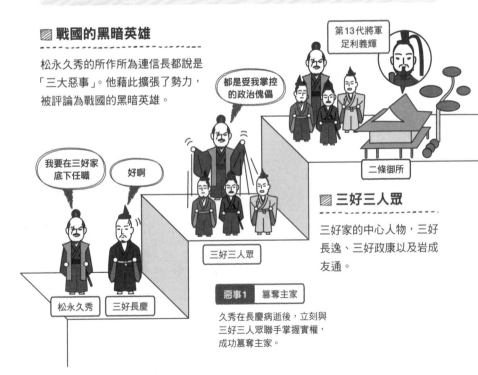

第13代將軍
足利義輝

都是受我掌控的政治傀儡

二條御所

我要在三好家底下任職

好啊

三好三人眾

松永久秀

三好長慶

三好三人眾

三好家的中心人物，三好長逸、三好政康以及岩成友通。

惡事1　篡奪主家

久秀在長慶病逝後，立刻與三好三人眾聯手掌握實權，成功篡奪主家。

之後，久秀在信長上洛之際鼎力相助，信長評論：「此人是做了三件大惡事的梟雄，換作常人可是連一件都辦不到。」更後來，**他又與信長反目，發動了好幾次的謀反，臨終前遭到織田軍的猛烈攻擊，最後自盡**。不過，靠著才能往上爬的他，的確在戰國時代出人頭地了。

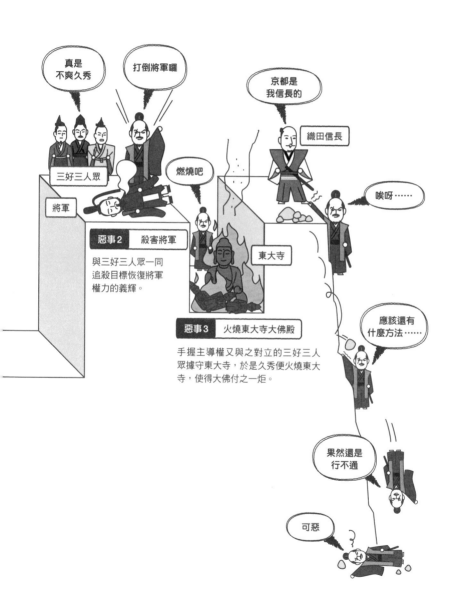

真是
不爽久秀

打倒將軍囉

京都是
我信長的

織田信長

三好三人眾

燃燒吧

唉呀……

將軍

惡事2 殺害將軍

與三好三人眾一同
追殺目標恢復將軍
權力的義輝。

東大寺

應該還有
什麼方法……

惡事3 火燒東大寺大佛殿

手握主導權又與之對立的三好三人
眾據守東大寺，於是久秀便火燒東大
寺，使得大佛付之一炬。

果然還是
行不通

可惡

05 攻略美濃後勢力大躍進！展現魄力的織田信長

攻克美濃為織田家的宿願。拿下濃、尾二國之後，
信長大幅提升了他在戰國大名當中的存在感。

　　永祿 3 年（1560 年），桶狹間大破今川軍的三個月後，信長就發兵侵略美濃。翌年，也就是永祿 4 年（1561 年），美濃國主齋藤義龍驟逝，信長立即再度侵略美濃。這一年，信長已與家康結成同盟，排除東面威脅的信長**於永祿 6年（1563 年）將據點由清須城遷往靠近濃尾國境的小牧山，終於正式將目標鎖定為攻下美濃**。

攻克美濃的準備

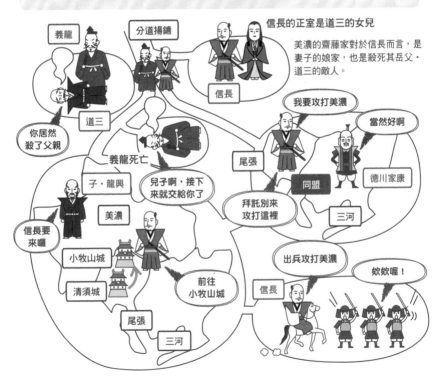

信長的正室是道三的女兒

美濃的齋藤家對信長而言，是妻子的娘家，也是殺死其岳父・道三的敵人。

信長久久攻不下齋藤氏的據點・稻葉山城，於是試圖在距離稻葉山城不遠的墨俁城。借助土豪之力成功築城的人，正是木下藤吉郎（後來的豐臣秀吉）。**除了修築墨俁城，秀吉還使計讓西美濃三人眾、竹中半兵衛等美濃的有力人士轉為效力信長**。信長為攻下美濃而布下了縝密的局，終於在永祿10年（1567年）占領稻葉山城，一償攻克美濃的宿願。

信長攻克美濃之路

▨ 齋藤義龍

齋藤道三之子是一名優秀的武將，曾數次擊退信長，卻因病驟逝。

06 織田信長與足利義昭成功上洛

成功平定美濃的信長，在自己的印鑑上用了「天下布武」等字，明確揭示統一天下的意圖。

攻克美濃的翌年，也就是永祿11年（1568年），第13代將軍義輝之弟義昭逃亡至越前，放棄了因與加賀信徒對立而無法上洛的朝倉氏，並且透過朝倉氏的前家臣明智光秀的介紹，派細川藤孝派向信長徵求上洛的助力。信長爽快允諾，並將義昭請至岐阜。**9月7日，擁戴義昭的織田軍獲得北近江的淺井氏與三河德川氏的幫助，終於開始上洛。**

信長與義昭的企圖一致

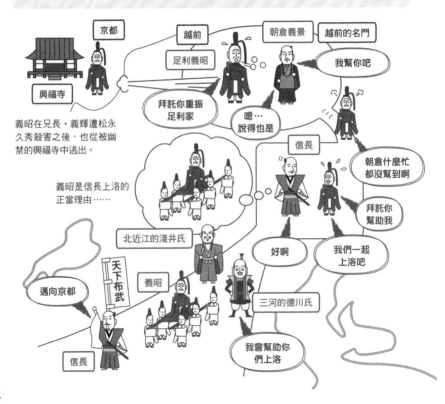

京都

興福寺

越前

足利義昭

朝倉義景

越前的名門

我幫你吧

拜託你重振足利家

嗯…說得也是

信長

朝倉什麼忙都沒幫到啊

拜託你幫助我

義昭在兄長・義輝遭松永久秀殺害之後，也從被幽禁的興福寺中逃出。

義昭是信長上洛的正當理由……

北近江的淺井氏

好啊

我們一起上洛吧

天下布武

邁向京都

義昭

三河的德川氏

信長

我會幫助你們上洛

南近江的守護・六角氏抵抗信長率領的上洛軍隊，但12日棄守據點觀音寺，逃亡至甲賀郡。9月25日，曾在攻打大津之際反對義昭擔任將軍的三好三人眾所率領的軍隊也瓦解崩潰。自9月29日至10月2日，三好三人眾麾下的諸多有力將領紛紛投降，就連成功逃回主要據點四國，**戰到最後一刻的攝津守護池田勝正也舉旗投降。於是，信長順利擁戴義昭成為第15代將軍**。

信長上洛的荊棘之路

07 信長面臨危機！
與朝倉、淺井聯軍決一死戰

信長成功上洛，並擁戴義昭成為將軍，但越前的朝倉義景
仍未遣送使者過來。信長該如何面對北陸的反抗勢力呢？

　　織田氏與朝倉氏同為斯波氏的家臣，但對於在慶仁·文明之亂成為越前守護的朝倉氏來說，織田氏的地位矮了一截，而且朝倉氏也對痛失上洛機會深感懊悔。對朝倉氏的態度感到不滿的信長，於元龜元年（1570年）冷不防地對越前發起攻擊。信長的進攻勢如破竹，然而卻因為**其妹婿·淺井長政背叛，遭到前後夾擊，信長因此陷入了必須隻身脫困的窘境中。**

朝倉氏、織田氏與淺井氏的關係

將軍重返榮耀！

信長

上

朝倉家

織田家

下

第15代將軍足利義昭

朝倉氏

信長這傢伙

地位明明比我低！

什麼！
長政居然
援助朝倉!?

信長軍

我要背叛
大舅子

信長

長政竟敢
背叛我！

阿市

one point

朝倉義景與淺井長政雖為同盟關係，但信長之妹阿市同時也是長政的妻子。換言之，信長與長政亦有同盟關係。

信長的妹婿·
淺井長政

哥哥，
我對不起你

　信長因長政背叛而憤怒不已，他一改先前的態度，決定進攻江北。信長、家康，以及淺井、朝倉隔著**姊川**爆發了激烈的衝突。織田軍的三萬五千兵力遭到淺井軍的三千兵力猛攻，布下的十三道防線有十一道遭到破壞。朝倉軍以一萬五千兵力對上家康軍的五千兵力，**家康命令榊原康政率領分隊從側面襲擊朝倉軍，朝倉軍戰敗潰逃。而淺井軍也遁逃至小谷城，織田、德川方大獲全勝。**

兩軍激烈交鋒！姊川之戰

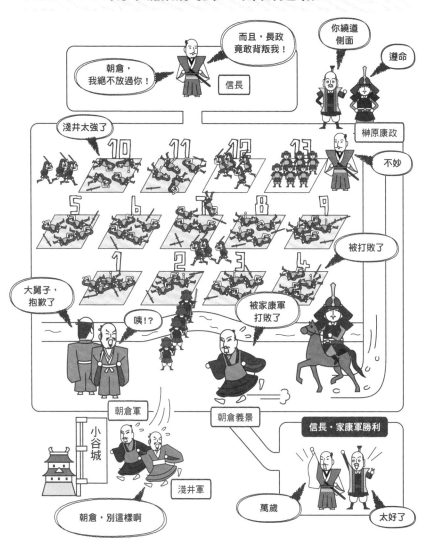

08 在第一次信長包圍網中陷入困境的信長

朝倉、信長後方的江北淺井、阿波的三好三人眾，以及信長最大的敵人・本願寺，通通都阻礙著信長。

　　元龜元年（1570 年），信長雖於姊川之戰中大破朝倉、淺井軍，但此時他與將軍・足利義昭的關係也開始惡化。**義昭下了一道嚴令，命令包含淺井氏・朝倉氏在內的諸位大名「打倒信長」，形成四面環繞的包圍網**。參與包圍網的大名有淺井長政、朝倉義景、武田信玄、三好三人眾，以及松永久秀等人。另外，身為寺社勢力的石山本願寺與比叡山延曆寺也參戰（**第一次信長包圍網**）。

陷入困境的信長

率兵上洛之後，織田信長與將軍足利義昭互爭主導權，雙方關係急速惡化。據說，義昭甚至還態度強硬地跟信長說「不准你任性妄為」。

信長這傢伙最近有點囂張…

義昭

嚇得發抖了吧？

信長

我已經不跟著信長了。大家一起打倒信長吧

喔！

大家跟著我，一起打倒信長吧

贊成

這麼一來信長也該完蛋了

姊川之戰雖然輸了，但是一切還沒結束

三好三人眾

朝倉義景

攝津

淺井長政

松永久秀

荒木村重

▨ 雜賀眾

由紀伊雜賀莊的國人所組成的自治團體。大多為本願寺的信徒，加入石山本願寺一同參戰。

雜賀眾

信長

大危機

石山本願寺

伊勢長島的一向一揆

石山本願寺舉兵反抗信長後，立即響應起兵。

襲擊信長背後的勢力為淺井・朝倉。即便信長想要反擊，也因為淺井・朝倉軍據守比叡山，使戰況持續陷在膠著的狀態之中。此外，**北伊勢則因為石山本願寺的參戰，而爆發一向一揆。信長之弟・信興遭受攻擊而陷入困境。**信長改變策略，決定講和。信長先後與石山本願寺、六角氏簽訂條約，然後在朝廷與將軍義昭的調停下，也成功與朝倉談和，最後從困境當中脫身。

逃脫信長包圍網的過程

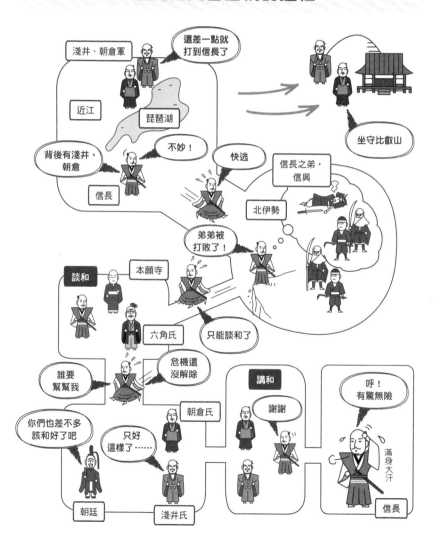

09 寺社勢力也不能放過！火燒比叡山延曆寺

對於信長而言，此時正是最艱難的時期。比叡寺隱匿著淺井、朝倉勢力，比叡山的態度，讓信長感到非常不滿。

援助淺井及朝倉、拒絕信長提出的講和等等，比叡山不改其反對信長的態度。**在信長包圍網當中苦戰的信長，認為勢力漸弱的比叡山正是突破戰線的關鍵**。此時，淺井、朝倉前進比叡山的門前町坂本。信長雖出兵擊退，但餘黨潰逃至比叡山，因此信長直接包圍比叡山。然而，攝津、南近江、北伊勢的戰線也陷入不樂觀的局勢。

追殺淺井、朝倉，前進比叡山

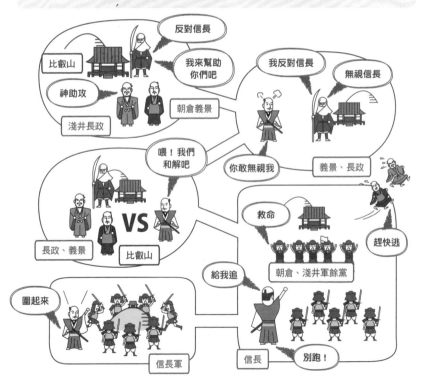

元龜2年（1571年）9月11日，包圍比叡山的信長於翌日12日下令燒山。**據說，他先燒了山麓坂本，然後在堅田的四周放火，接著再燒光山裡的伽藍、禪房。不論僧侶或俗人，不問男女老少，只要是比叡山的人一律屠殺。**不過，最近有人提出另一種說法，認為當時已有許多禪房成為廢墟，山上的信徒人數應該也不多。比叡山陷入火海，成為斬首數千人的人間煉獄的可能性不高。

火燒比叡山

被信長包圍了

比叡山

糟了糟了

朝倉、淺井餘黨

比叡山

信長

燒了這座山

通通殺了

比叡山

女性

啊啊啊

孩童

總本堂根本中堂

僧侶

竟然如此殘忍

▨ 慘無人道的火燒比叡山真有其事？

信長下令火攻比叡山，據說山上的數百座佛堂陷入熊熊烈火之中，屠殺了僧侶俗人、男女老少共三千人。不過，由於並沒有太多證據可以證明信長火燒比叡山，再者，山上的佛堂數量不多，眾信徒的生活範圍也遠離此地，因此也有人認為信長並未進行殘忍的火燒比叡山。

之後……

豐臣秀吉

好

現在

比叡山延曆寺

請您復興延曆寺

僧侶

目標重振延曆寺的僧侶，在本能寺之變後親近豐臣秀吉，秀吉允許重振延曆寺，重振的工作則在後來的江戶時代進行。

比信長更加令人畏懼的武將 甲斐之虎・武田信玄之死

對於在包圍網當中陷入苦戰的信長而言，最擔心的事情莫過於武田信玄上洛一事。信玄率領大軍，朝京都前進。

在信長火攻比叡山之前，松永久秀已於元龜2年（1571年）時挑明要加入武田信玄的陣營，三好三人眾也團結起來，鞏固對於信長的反叛之意。本願寺法主・顯如採取加入淺井、朝倉勢力的補救措施，畿內反信長的聲勢日漸浩大，在這之中，甲斐的武田信玄恢復與後北條氏的同盟。**無東顧之憂的信玄，正式加入信長包圍網，入侵德川領地遠江、三河。**

對信長和家康窮追不捨的信玄

元龜3年（1572年），家康從以二俣城為中心的一言坂之戰當中撤退，二俣城直接遭武田軍包圍。12月19日，二俣城開城，信玄於22日的三方原之戰擊敗了包含信長援軍在內的德川軍。翌年，即天正元年（1573年），**武田軍包圍並攻陷三河野田城，但信玄卻在此病倒，於是武田軍撤退至甲斐，而信玄於途中病逝**。信長最大的危機因此解除。

One point

據說，家康在三方原之戰中慘敗於武田軍，因為打從心裡畏懼而嚇到拉褲子。

11 第一次包圍網的崩壞！信長攻破淺井、朝倉

因信玄之死而扭轉情勢的信長，後來驅逐了將軍義昭。為了征討長年宿敵淺景・朝倉，於是出兵北近江。

天正元年（1573年），信長率兵三萬出兵北近江，包圍了小谷城。10日，朝倉援軍抵達，13日夜晚，朝倉軍因暴風雨而放鬆警戒，結果遭到親自上陣的信長突襲。急躁的織田軍諸將領追擊爭先恐後的朝倉軍，侵入越前。**棄守據點・一乘谷的朝倉義景，遭到平泉寺的僧兵與同族的朝倉景鏡背叛，最終舉刀自盡，名門朝倉氏就此滅亡。**

朝倉氏滅亡之路

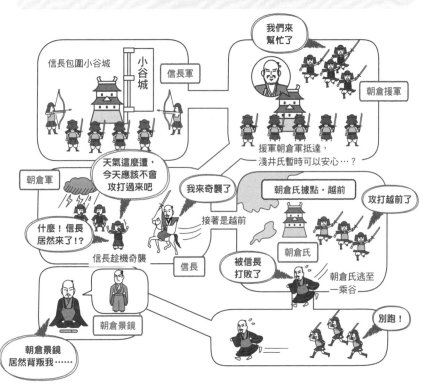

信長包圍小谷城　小谷城　信長軍

我們來幫忙了　朝倉援軍

援軍朝倉軍抵達，淺井氏暫時可以安心…？

朝倉軍

天氣這麼遭，今天應該不會攻打過來吧

什麼！信長居然來了!?

信長趁機奇襲　信長

我來奇襲了

接著是越前

朝倉氏據點・越前　攻打越前了

朝倉氏

被信長打敗了

朝倉氏逃至一乘谷

朝倉景鏡

別跑！

朝倉景鏡居然背叛我……

消滅朝倉氏的信長任命朝倉舊臣・前波吉繼擔任越前守護代。信長留下部分織田軍，於8月26日凱旋北近江。27日，羽柴秀吉攻陷小谷城的京極丸，翌日，長政之父・久政被迫自盡。事已至此，**長政便讓嫡子萬福丸潛逃至城外，並將其正室，即信長之妹阿市之方，以及她的三個女兒一同引渡回織田方，最後於9月1日自盡**。淺井氏3代皆滅亡。

淺井氏的滅亡之路

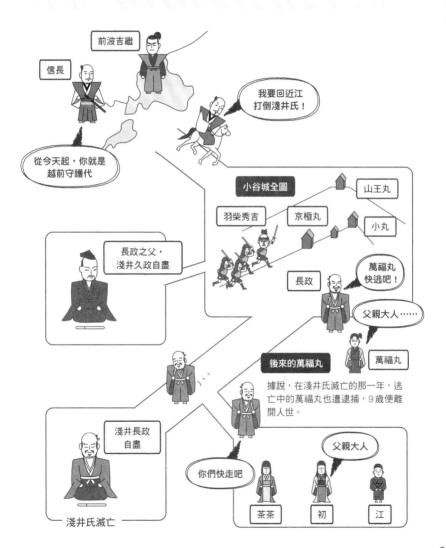

前波吉繼

信長

我要回近江
打倒淺井氏！

從今天起，你就是
越前守護代

小谷城全圖

羽柴秀吉　京極丸　山王丸

小丸

長政之父・
淺井久政自盡

長政

萬福丸
快逃吧！

父親大人……

萬福丸

後來的萬福丸

據說，在淺井氏滅亡的那一年，逃亡中的萬福丸也遭逮捕，9歲便離開人世。

淺井長政
自盡

父親大人

你們快走吧

茶茶　　初　　江

淺井氏滅亡

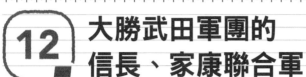

12 大勝武田軍團的
信長、家康聯合軍

長篠之戰中，新型兵器「鐵砲」、「三段射擊」精彩絕倫的
戰略令人印象深刻。這些都證明了信長的優秀戰略頭腦。

天正3年（1575年），武田勝賴率兵一萬四千人包圍德川方的長篠城。為了解救長篠城，信長殿後與家康軍匯合，總計三萬八千人。信長先奪下能俯視長篠城的鳶巢山，藉此突破武田方設下的長篠城包圍網，然後**阻斷武田方的後路，並在前方讓出一條路，讓敵軍只能從設樂原通過，而通往設樂原之處則設有馬防柵**。

最佳搭檔 信長、家康並肩作戰

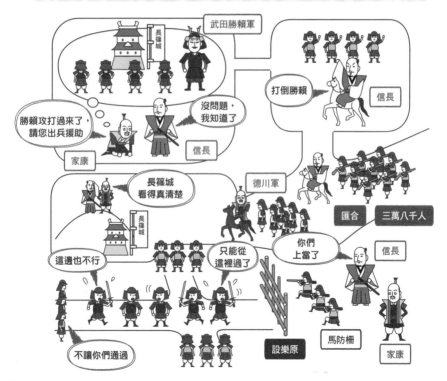

據說織田軍在**馬防柵**的後方布下三列鐵砲隊，藉此縮短射擊間隔。上午6點至下午2點，武田軍為了逃脫而不停地突擊馬防柵，但每一次都遭到三千發火力逼退，馬場信房、山縣昌景等信玄時代的名將都成了鐵砲下的亡魂。**最後，武田軍的死亡人數高達一萬，勝賴僅帶著六騎親信逃回甲斐。**

展現壓倒性威力的信長軍

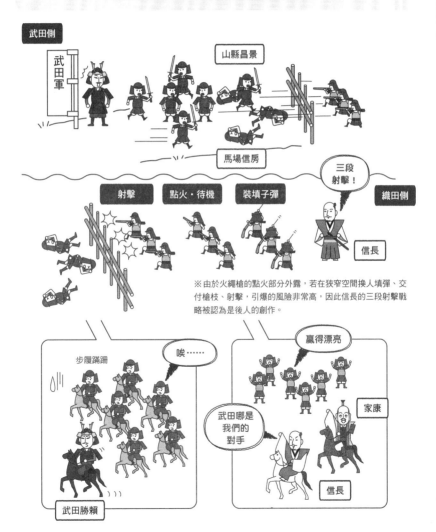

※由於火繩槍的點火部分外露，若在狹窄空間換人填彈、交付槍枝、射擊，引爆的風險非常高，因此信長的三段射擊戰略被認為是後人的創作。

從信長所愛的「敦盛」，解析信長的虛無主義

　　他以理性的思考，打倒陳腐的幕府、寺社勢力，是一名革命分子。信長冷酷無情且有如魔王般的印象深植人心，但他深愛著歌謠與藝能，絕不是個無情無義的男人。

　　永祿3年（1560年），海道一弓取・今川義元率領大軍攻打尾張之際，手上僅有數千兵力的信長在拂曉之際決定出兵。根據《信長公記》記載，信長自吟自舞平日鍾愛的幸若「敦盛」其中一節，舞過三巡後便令人吹響陣貝，穿上具足，站著吃完泡飯，僅率領五騎便出兵。

　　「人生短短五十年，若與上天比長壽，人的一生如夢似幻，只不過一瞬間。人啊，終究難逃一死……」

　　這一段虛無而感嘆無常的歌詞，是信長唯一的精神支柱。此次孤注一擲的出擊完全聽天由命，然而信長卻在此戰打敗義元，名震天下。

織田信長率領的最強家臣團

織田信長的成就並不是自己一個人完成的，還有眾多驍勇善戰的家臣在背後支持著他。本章節就要帶大家看看這些家臣的事蹟。

01 在第二次信長包圍網中再次陷入困境

信長再一次遭到包圍。在這背後，是由受毛利家庇護的足利義昭所主導。

　　遭到織田信長驅逐的將軍・足利義昭，求助於中國之雄・毛利輝元。天正4年（1576年），義昭將流亡政權設置於毛利氏據點・鞆城，**他居中調停敵視彼此的上杉、武田、北條等三大勢力，最後，原本水火不容的上杉、武田結成同盟。**另一方面，毛利家也因為要支援信長的宿敵・石山本願寺，於是派出水軍。在**第一次木津川口之戰**當中，擊敗了織田水軍。

再次暗中發起行動的足利義昭

毛利方助攻石山本願寺，與信長率領的織田水軍進行激烈交戰。織田方慘遭毀滅性的挫敗。

　　雖說威望已不如以往，但義昭無庸置疑是室町幕府的第15代將軍。在義昭的推動之下形成了上杉・武田同盟，隨後，丹波的波多野秀治、大和的松永久秀、攝津的荒木村重、播磨的別所長治等追隨信長的畿內大名也都立即倒戈。**信長的勢力搖搖欲墜，其中僅有家康沒有被義昭引誘，仍舊保持著與信長的同盟關係。**

接二連三遭到背叛的信長

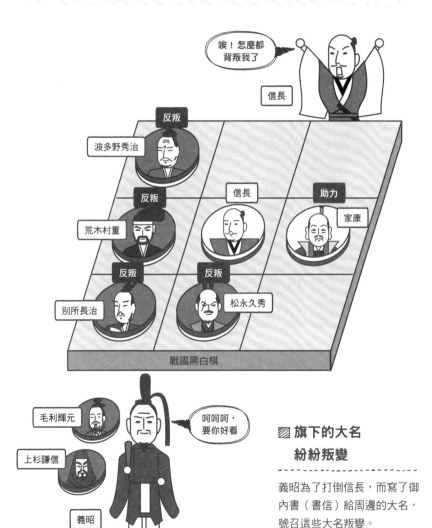

唉！怎麼都背叛我了

信長

反叛　波多野秀治

反叛　荒木村重

信長

助力　家康

反叛　別所長治

反叛　松永久秀

戰國黑白棋

毛利輝元

上杉謙信

義昭

呵呵呵，要你好看

▨ 旗下的大名
紛紛叛變

義昭為了打倒信長，而寫了御內書（書信）給周邊的大名，號召這些大名叛變。

02 攻打織田軍的上杉謙信驟然逝世！

信長派出柴田勝家率領近五萬的兵力攻打入侵能登國的謙信，卻在撤退途中遭遇襲擊，吞下大敗。

　　天正4年（1576年），上杉謙信趁著能登的畠山氏發生內亂之際，派遣大軍入侵畠山氏的主據點・七尾城。七尾城奮力抵擋，謙信逼不得已只好暫時撤兵，隔年卻又再次發兵入侵。陷入困境的畠山氏向信長請求支援，信長立刻允諾出兵，**由總大將柴田勝家率領瀧川一益、羽柴秀吉、前田利家、佐佐成政等佼佼者，組成一支四萬八千人的大軍。**

救援七尾城的信長家臣團

勝券在握的信長派遣大軍前往七尾城，七尾城卻早在大軍抵達前就已淪陷。當總大將柴田勝家得知此消息時，全軍早已渡過了**手取川**。雖然織田方決定立刻撤兵，但還是遭到上杉軍的襲擊，包含溺斃於手取川之中的人，織田軍死亡人數達數千人，徹底戰敗。**然而就在天正6年（1578年），年僅49歲的謙信在企圖發起新遠征的過程中病逝。信長包圍網的一端出現了破洞。**

信長軍於手取川之戰大敗

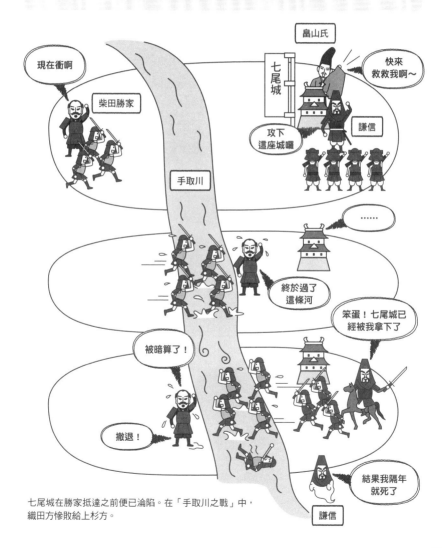

七尾城在勝家抵達之前便已淪陷。在「手取川之戰」中，織田方慘敗給上杉方。

03 織田信長建設安土城

激戰之中，信長在位處京都入口的琵琶湖畔建築新居城·安土城，以此作為天下布武的立足點。

目標天下布武的信長，在琵琶湖畔建起了新據點。這是由地上六層、地下一層組成的壯觀山城·<u>安土城</u>。天正4年（1576年）安土城竣工，**天正7年（1579年）完成了信長生活起居的天守，並由信長命名為「天主」**。城下町設有庶民的住宅區以及家臣團的宅邸，除此之外，還有臨濟宗寺院的摠見寺、城下的天主教會等宗教設施。

富麗堂皇的安土城及城下町

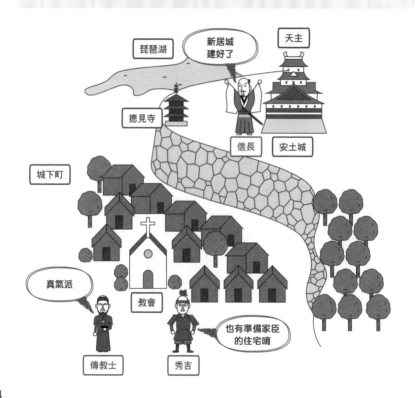

位於琵琶湖東岸的安土山比從前的據點·岐阜城更靠近京都，這是信長在此築城的最重要原因。同時，此處還擁有可利用琵琶湖水運的優點。安土就位於東國通往京都的中山道上，琵琶湖以東的北國街道為中山道的支道，是連接太平洋一側與日本海一側的重要樞紐。**控制此一要衝，也就意味著不論是在軍事方面或經濟方面，信長都比其他人更具優勢。**

在地理方面亦占優勢的安土城

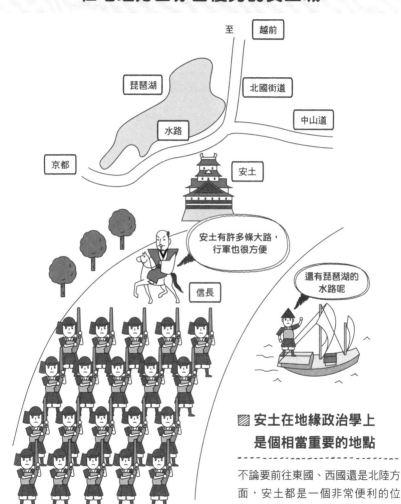

至　越前

琵琶湖

北國街道

中山道

水路

京都

安土

安土有許多條大路，行軍也很方便

信長

還有琵琶湖的水路呢

安土在地緣政治學上是個相當重要的地點

不論要前往東國、西國還是北陸方面，安土都是一個非常便利的位置。信長大膽地在此築城，作為完成統一天下的要衝。

04 信長的重臣・柴田勝家的北陸地方平定戰

北陸除了有勢力強大的一向一揆，還有上杉謙信在此坐鎮。猛將・柴田勝家前往面對難以對付的強敵。

越前在朝倉氏滅亡之後，就成了一向一揆的勢力範圍。至於加賀國，則是自長享2年（1488年）以來將近百年間都受到一向一揆的支配。而且，越後還存在著伺機進攻中央的上杉謙信。天正3年（1575年），已鎮壓越前一向一揆的信長**為了要攻克強敵環伺的北陸地方，於是任命先代以來的重臣・柴田勝家為北陸方面軍的司令官。**

任命柴田勝家進攻北陸方面

勝家雖於手取川之戰敗給上杉軍，但由於謙信驟逝，於是勝家開始攻克**加賀一向一揆**。**兩方激戰至天正8年（1580年）終於有了結果，勝家用了四年的時光才終於打敗強敵**。勝家緊接著又平定了能登國，他與謙信的繼承人・上杉景勝圍繞著越中國魚津城，展開了激烈的攻防戰。最後，勝家終於攻下了敵城，然而京都卻在數日前發生了改變勝家命運的本能寺之變。

勝家進軍北陸的軌跡

先鎮壓加賀一向一揆吧

故・謙信

謙信死了，機會來了

勝家

加賀一向一揆

上杉景勝

被打敗了～

一口氣攻下能登吧

哇哈哈

用了四年的時間才完成鎮壓

魚津城

越中也被我們攻下了！

咦！真的假的

勝家大人，其實信長大人他……

足輕

信長的重臣勝家漂亮地平定了北陸地方，然而就在此時，接到了信長的死訊。

05 透過議和迎來停戰！持續十年的石山戰爭

擁有龐大勢力的石山本願寺反抗屢屢施加壓力的信長。
雙方的戰爭持續了長達十年。

信長要求淨土真宗本願寺派的總本山・石山本願寺提供巨額的資金。 元龜1年（1570年），信長要求該寺遷移。處境持續惡化的本願寺終於壓抑不住對信長的不滿。本願寺法主・顯如向門徒發出號召書信，舉兵反抗信長。最後在天正8年（1580年），兩方交戰的石山戰爭才在正親町天皇的調停之下達成議和，此戰至此已持續長達十年。

爭鬥十年的信長與石山本願寺

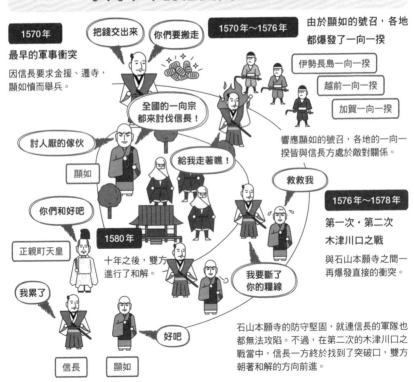

1570 年

最早的軍事衝突

因信長要求金援、遷寺，顯如憤而舉兵。

把錢交出來

你們要搬走

1570年～1576年

由於顯如的號召，各地都爆發了一向一揆

伊勢長島一向一揆

越前一向一揆

加賀一向一揆

響應顯如的號召，各地的一向一揆皆與信長方處於敵對關係。

全國的一向宗都來討伐信長！

討人厭的傢伙

顯如

給我走著瞧！

救救我

1576年～1578年

第一次・第二次
木津川口之戰

與石山本願寺之間一再爆發直接的衝突。

你們和好吧

正親町天皇

1580 年

十年之後，雙方進行了和解。

我要斷了你的糧線

我累了

好吧

信長　顯如

石山本願寺的防守堅固，就連信長的軍隊也都無法攻陷。不過，在第二次的木津川口之戰當中，信長一方終於找到了突破口，雙方朝著和解的方向前進。

　和解雖然是由信長一方所提出的方案，但實際要求和解的是顯如一方。大阪灣為通往本願寺的糧線，雖然信長在圍繞著大阪灣交戰的第一次木津川口之戰中大敗，但他**在第二次木津川口之戰**取得勝利。有一說表示，**信長準備了六艘巨大鐵艦，以此擊潰多達數百艘出兵協助石山本願寺的村上水軍**。戰況因此逆轉，最後達成了有利信長一方的和解。

第二次木津川口之戰逆轉情勢

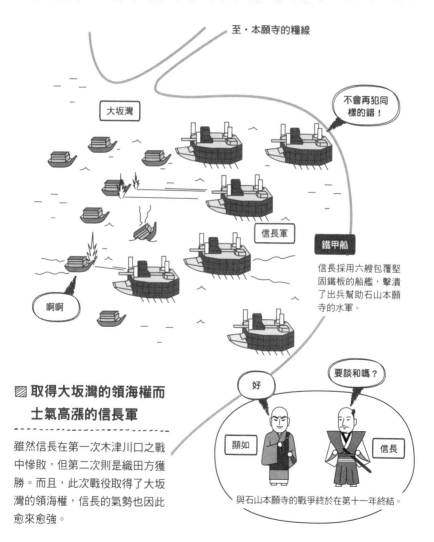

至・本願寺的糧線

大坂灣

不會再犯同樣的錯！

信長軍

鐵甲船

信長採用六艘包覆堅固鐵板的船艦，擊潰了出兵幫助石山本願寺的水軍。

啊啊

▨ 取得大坂灣的領海權而士氣高漲的信長軍

雖然信長在第一次木津川口之戰中慘敗，但第二次則是織田方獲勝。而且，此次戰役取得了大坂灣的領海權，信長的氣勢也因此愈來愈強。

好

要談和嗎？

顯如　　信長

與石山本願寺的戰爭終於在第十一年終結。

06 新晉家臣 明智光秀的潛力

外患未平，內亂又起。光秀受命收拾局勢，漂亮地鎮壓了信長的所在地‧畿內發生的動亂。

　　明智光秀曾是越前朝倉義景的家臣，被任命為織田家所在地‧近畿方面的司令官的他，是織田家的新晉家臣。近江坂本城距離安土僅有咫尺，**成為近江坂本城主的光秀，為了鎮壓助攻信長包圍網的反亂勢力及外患，因此轉戰畿內。**天正5年（1577年），與本願寺交戰時反叛信長並據守居城‧信貴山城的松永久秀戰敗而亡，此役也是光秀的其中一戰。

轉戰畿內的明智光秀

成為坂本城主的光秀轉戰畿內各地，表現活躍。

　　光秀受命攻克選擇與將軍‧足利義昭同一陣線，反對信長的丹波國。為了攻克丹波國，光秀修築了龜山城，歷經一年半，終於攻陷了抵抗勢力波多野秀治的據點‧八上城。**平定後的丹波國被信長當作獎賞賜予光秀，光秀獲得了與秀吉、勝家等重要家臣並肩的地位。**

光秀平定丹波國

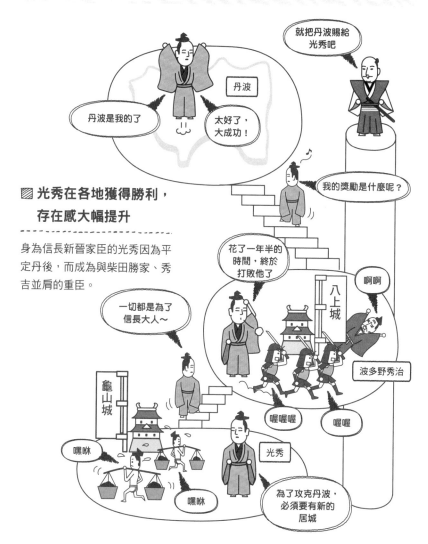

光秀在各地獲得勝利，存在感大幅提升

身為信長新晉家臣的光秀因為平定丹後，而成為與柴田勝家、秀吉並肩的重臣。

07 為平定關東派出瀧川一益

瀧川一益在甲州征伐中擔任軍監，因論功行賞而成為上野國國主，被賦予坐鎮關東的重要一職。

　　瀧川一益是從信長剛興起時就跟隨信長的家臣，他在長篠・設樂原之戰、石山合戰時表現活躍。**隨著主家擴大勢力，他也朝著出人頭地的道路邁進。**一益因鎮壓伊勢長島一向一揆有功，成為伊勢長島城的城主。他在天正10年（1582年）甲州征伐當中擔任負責監督的軍監，跟隨著總大將征戰，戰後論功行賞時，甚至得到了上野國以及一部分的信濃國。

邁向出人頭地之路的瀧川一益

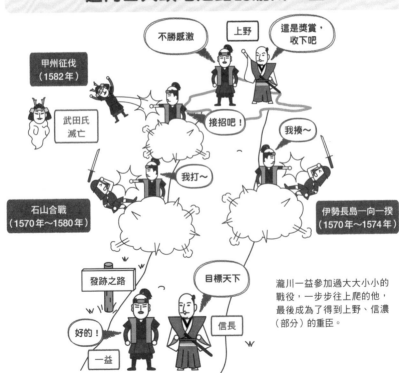

甲州征伐（1582年）

武田氏滅亡

不勝感激

上野

這是獎賞，收下吧

接招吧！

我揍～

我打～

石山合戰（1570年～1580年）

伊勢長島一向一揆（1570年～1574年）

發跡之路

目標天下

好的！

信長

一益

瀧川一益參加過大大小小的戰役，一步步往上爬的他，最後成為了得到上野、信濃（部分）的重臣。

　　入主上野國的一益接下來的任務就是坐鎮關東地方。具體的目標，就是讓當地的國人都歸順織田方。**強化織田家與南關東之雄・北條氏之間的關係，也是一項重要的任務**。關東為進出東北的玄關，聯繫與牽制伊達家、蘆名家等東北諸大名，也是關東地方指揮官的職責。一直到爆發本能寺之變為止，一益都盡忠職守地在執行這些任務。

關東司令官・一益的外交政策

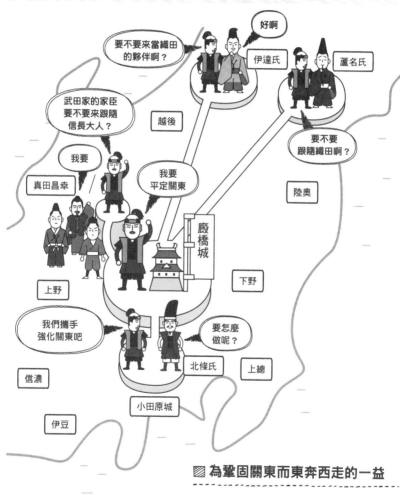

▨ 為鞏固關東而東奔西走的一益

一益遊走在東北與關東的大名之間，努力鞏固織田家的勢力。

08 被派遣至中國地方的攻城專家‧羽柴秀吉

被信長指定為攻克毛利氏的將領，就是一步一步努力，
如今登上重臣之位的羽柴秀吉。

為了攻克助攻信長包圍網並支援石山本願寺的毛利氏，信長擬定了大規模的入侵中國計畫。成為攻打中國指揮官的人，正是羽柴秀吉。**秀吉在追隨信長之初只不過是個小卒，但後來他在無數的征戰中立下軍功，此時的他在織田家家臣中已經是個重要角色**。天正5年（1577年），進入播磨國的秀吉以姬路城為本據點，展開了正式的**侵略中國作戰**。

秀吉的進攻中國計畫

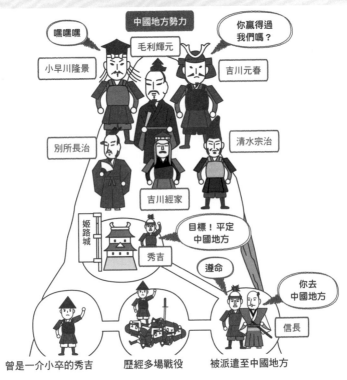

中國地方勢力

嘿嘿嘿　　小早川隆景　　毛利輝元　　你贏得過我們嗎？　吉川元春

別所長治　　吉川經家　　清水宗治

姬路城　　秀吉　　目標！平定中國地方

遵命

你去中國地方

信長

曾是一介小卒的秀吉　　歷經多場戰役　　被派遣至中國地方

秀吉在進攻中國時打了數次的攻城戰。天正8年（1580年），叛離織田家的別所長治據守三木城，秀吉以截斷糧線的策略攻陷此城，隨後又於翌年，也就是天正9年（1581年），再次以截斷糧線的策略使鳥取城開城。**秀吉之所以被稱為攻城專家，就是因為他是靠著戰略攻城，而不是光靠武力取勝**。另外在天正10年（1582年）攻打高松城時，秀吉還採取了令人意想不到的水攻戰略。

攻城專家・秀吉

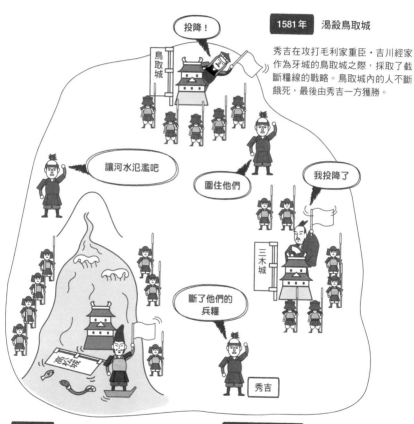

1581年　渴殺鳥取城

秀吉在攻打毛利家重臣・吉川經家作為牙城的鳥取城之際，採取了截斷糧線的戰略。鳥取城內的人不斷餓死，最後由秀吉一方獲勝。

1582年　水淹高松城

攻打清水宗治的居城・高松城時，秀吉採用了水攻戰略。據說他在周邊的河流築堰積水，使大量的土石沖入高松城。

1578年～1580年　餓殺三木城

曾經跟隨信長的別所長治據守三木城。秀吉一實施截斷糧線的策略後，長治就立刻開城投降。

09 促進國力增強 織田信長的經濟政策

要展開多方面的作戰，就必須要有足以撐起戰役的經濟能力。在經濟方面，信長是個一流的人才。

若要養活大批士兵、擁有最先進的武器，就必須要有經濟能力。因此，信長特別在意經濟的基礎鞏固。在信長的經濟政策當中，最著名的就是**樂市・樂座**。他廢除既得權，促進自由經濟，透過此政策讓財富與人潮都聚集在織田家所支配的都市裡。另外，信長為了促進人潮往來而廢止關所，此舉也有效活化了領內的經濟。

信長的革新政策

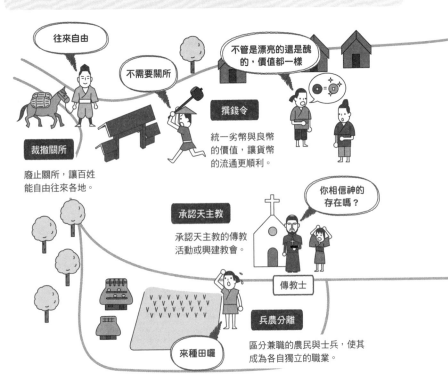

往來自由

不需要關所

不管是漂亮的還是醜的，價值都一樣

撰錢令
統一劣幣與良幣的價值，讓貨幣的流通更順利。

裁撤關所
廢止關所，讓百姓能自由往來各地。

承認天主教
承認天主教的傳教活動或興建教會。

你相信神的存在嗎？

傳教士

兵農分離
區分兼職的農民與士兵，使其成為各自獨立的職業。

來種田囉

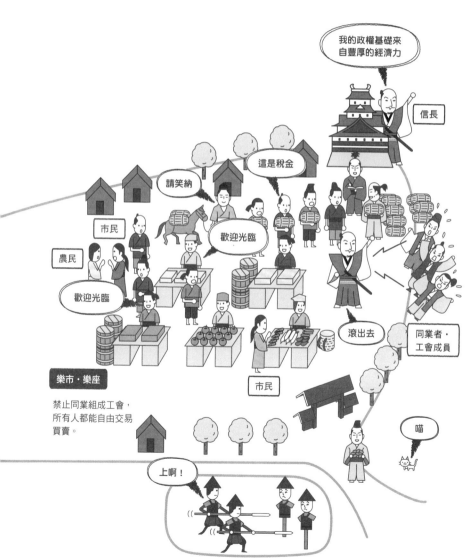

信長的另一個經濟政策為「**撰錢令**」。在戰國時代流通的錢幣當中，中國等地的貨幣混入了偽造的劣質貨幣，貨幣之間沒有固定的匯率。因此**信長統一固定這些貨幣的價值，讓貨幣之間的流通不再停滯**。由於實施了這個法令，經濟活絡起來，信長也徵收到了大量的稅金。

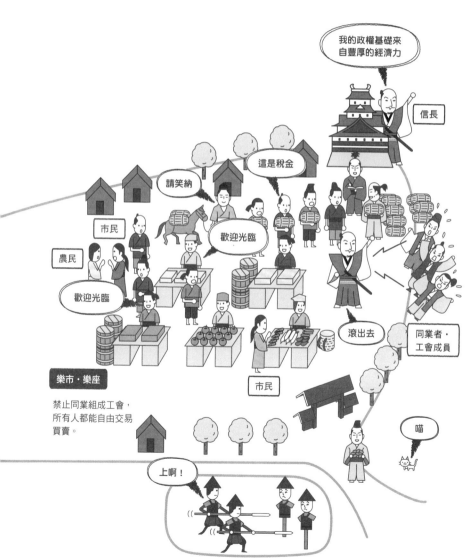

我的政權基礎來自豐厚的經濟力

信長

這是稅金

請笑納

市民

歡迎光臨

農民

歡迎光臨

滾出去

同業者・工會成員

樂市・樂座

禁止同業組成工會，所有人都能自由交易買賣。

市民

喵

上啊！

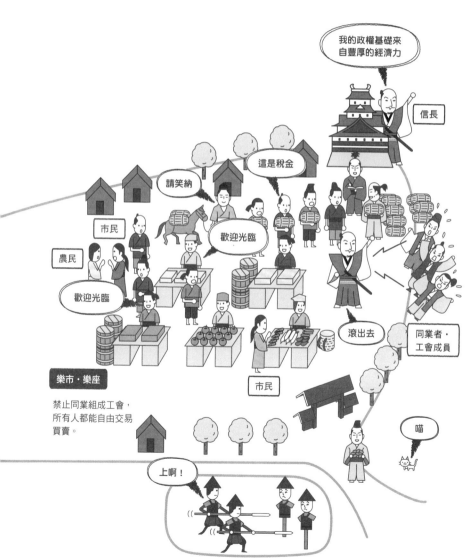

10 在織田軍的攻勢下武田家最終滅亡

為人歌頌的戰國最強氏族已成過去式。面對氣勢如日中天、步步逼近的織田軍，名門武田氏被迫走向滅亡。

　　武田信玄死後，武田家在天正3年（1575年）的長篠・設樂原之戰當中慘敗給織田、德川聯軍，在這之後與北條氏之間的關係也惡化，**再加上身為信玄繼承人的嫡子・勝賴在武田一族中失去威望，使得武田家的勢力急遽衰退**。即使武田家仍然是握有甲斐、信濃、駿河、上野的有力大名，但武田軍團的軍力早已不復從前。在這樣的情勢之下，信長為了一口氣消滅武田家，決定入侵甲州。

向心力不足的武田家

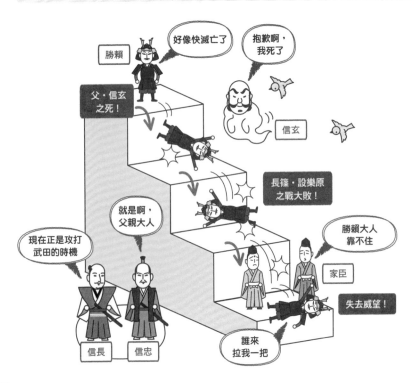

天正10年（1582年），織田軍以討伐勝賴為目的而發動的武田領侵略，又被稱為**甲州征伐**。信長勝券在握，組成一支以嫡子·信忠為大將的遠征隊。一直到打贏最後一場戰役的天目山麓之戰為止，信忠僅花一個多月的時間，便將**信玄當家時被歌頌為戰國最強氏族的武田氏逼上滅亡之路**。在此戰役中，勝賴與嫡子一同舉刀自盡，名門武田氏的嫡系就此斷絕。

勝賴於天目山舉刀自盡

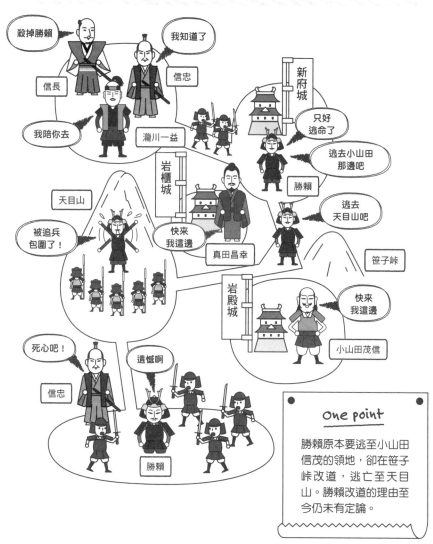

One point

勝賴原本要逃至小山田信茂的領地，卻在笹子峠改道，逃亡至天目山。勝賴改道的理由至今仍未有定論。

11 遭到明智光秀叛變 織田信長死於本能寺！

光秀謀反！信長憑藉各種革命性的手段走上天下人之路，
最終卻因為家臣的叛變而殞命。

對於滅了武田氏的信長而言，難以應付的敵人就只剩中國地方的毛利氏而已。信長派至中國地方的將領是羽柴秀吉。天正10年（1582年），信長接獲秀吉請求援軍的訊息。**除了要平定中國地方，信長還打算趁機一口氣平定九州，完成統一大業，於是他決定親自上陣。**信長命令光秀打頭陣，並於同年5月29日帶著少數士兵前往京都的本能寺。

信長統一天下的夢想就在眼前破滅

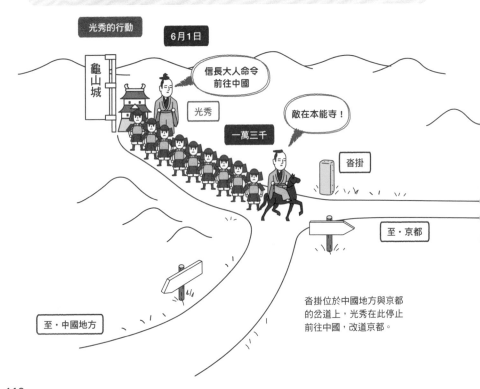

光秀的行動

6月1日

龜山城

信長大人命令前往中國

光秀

敵在本能寺！

一萬三千

沓掛

至·京都

至·中國地方

沓掛位於中國地方與京都的岔道上，光秀在此停止前往中國，改道京都。

6月2日一早，理應往中國地方前進的光秀率領一萬三千大軍襲擊本能寺。**即使信長親自拿著武器奮戰，卻還是寡不敵眾，終於被逼到走投無路，在建物中點火自焚**。關於光秀謀反的理由眾說紛紜，有人認為是因為他被信長責怪辦事不力，領地遭到沒收而產生怨恨；也有人認為是因為他與信長的價值觀不同，但**真相至今未解**。不論如何，當代革命家・信長統一天下的野心就此破滅。

信長的行動　5月29日

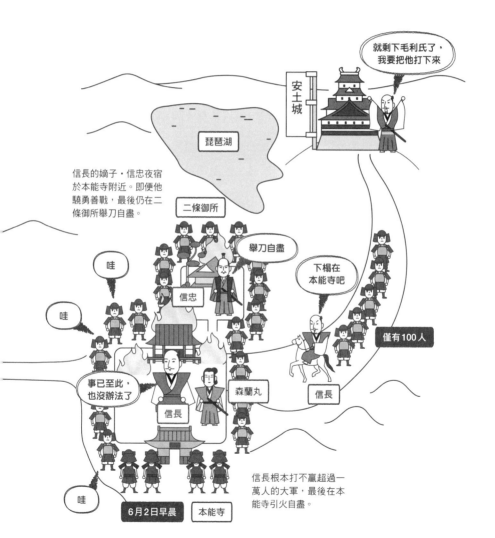

就剩下毛利氏了，我要把他打下來

安土城

琵琶湖

信長的嫡子・信忠夜宿於本能寺附近。即便他驍勇善戰，最後仍在二條御所舉刀自盡。

二條御所

舉刀自盡

哇

信忠

哇

下榻在本能寺吧

僅有100人

事已至此，也沒辦法了

森蘭丸

信長

信長

哇

6月2日早晨　本能寺

信長根本打不贏超過一萬人的大軍，最後在本能寺引火自盡。

森蘭丸為何受到織田信長重用？

　　信長總是給人苛待臣下的暴君印象。身為主君的他如此難伺候，能夠搞清楚他的意圖再行動的家臣，便能受到他破格的寵愛。那人正是以信長寵臣聞名的森蘭丸（也稱亂丸，名諱眾說紛紜，有人說是成利，亦有人說是長定、長康等等）。

　　在統一尾張前便追隨信長、攻滅守護代・織田信有的信長家臣・森可成的三子蘭丸於永祿8年（1565年）誕生。天正5年（1577年），蘭丸與弟弟坊丸（長隆）、力丸（長氏）都成為信長身旁的小姓。

　　在本能寺之變當中為了守護信長而奮戰的蘭丸最後仍然戰死，得年18歲。悲劇性的死亡加深了他美少年的形象，使人們至今仍津津樂道。但他的父親・可成是一位有名的猛將，兄長・長可則是人稱「鬼武藏」的高大魁梧之人，森氏一族個個都是威風凜凜的武夫，然而身為森氏之人，卻只有蘭丸是面容白皙的美男子，實在有點說不過去。他能得到信長的寵愛，應該是因為他的才能，而非容貌。

人生
波瀾壯闊的
豐臣秀吉

替主君織田信長復仇之後展露頭角的人，正是信長的重臣‧豐臣秀吉。他算盡機關、用盡權謀，登上顛峰成為天下人。

01 成功為主君復仇的 豐臣秀吉

得知信長死訊的秀吉立刻與毛利方達成談和，然後火速回到畿內討伐主君的仇人・光秀。

本能寺之變發生之際，織田家的重臣都被指派為前線指揮官前往各地征戰。就連信長的盟友・德川家康也正在堺港遊覽。光秀雖趁隙舉兵造反，卻誤判情勢，諸將當中並無出現協調者。**光秀逐漸陷入孤立無援的境地，而此時最早回到畿內的人正是秀吉。**那是本能寺之變發生後的第十二天，秀吉火速撤回，速度遠遠超乎光秀的想像（**中國大返還**）。

秀吉的動向及有力武將的位置

🟦 中國大返還

得知光秀謀反後，秀吉軍便從中國地方撤回京都，僅用七天時間行軍約180公里。

秀吉與光秀的對決。敗走的光秀遭到落難武者獵人的襲擊，最後喪命。

本能寺之變爆發的那天，家康正好滯留在堺港。他擔心自身安危，於是回到三河。

秀吉接獲信長死訊時，已經是天正10年（1582年）6月3日的深夜，當時他正在進攻毛利家的高松城。他立刻下達封口令，展開與毛利家的談和，**達成共識後立刻於6日傍晚動身，七天內走了約180公里的路程，最後抵達位於攝津·山城國境的山崎**。戰力大勝對方且士氣高昂的秀吉軍控制了戰略要地·天王山，取得勝利。

柴田勝家、瀧川一益等信長重臣都在各地征戰，
因此晚了秀吉一步。

越後

氏政得知本能寺之變後攻擊一益，一益逃回廄橋城。

上杉景勝

魚津城

瀧川一益

廄橋城

必須趕緊回去

柴田勝家

勝家在越後魚津城與景勝的對戰當中勝出。

機會來了

北條氏政

02 誰是信長的繼承者！？ 秀吉與勝家的內鬥爆發

秀吉在清州會議當中扶植自己的傀儡成為織田家當主。
他消滅了對手勝家，踏出成為天下人的第一步。

天正10年（1582年）6月27日，尾張國清州城舉行了一場會議，會中討論關於繼承問題等織田家的今後動向。與會者有柴田勝家、丹羽長秀、羽柴秀吉、池田恒興。**席上，勝家與秀吉意見相左，勝家推舉信長的三男・信孝，而秀吉則推舉信忠的嫡子・三法師為繼承人。** 結果，因成功為主君復仇而說話較有份量的秀吉獲得其他兩人的支持，年僅3歲的三法師成為織田家的新當主。

幾乎已內定人選的清州會議

次世代信長選拔 in 清州

三男・信孝

真鬱悶

輸了

給適合當繼承人的那個人鼓掌！

三法師

織田家以後都得聽我的了

柴田勝家

秀吉

池田恒興

啪啪啪

啪啪啪

丹羽長秀

one point

瀧川一益敗給北條軍，因此不被允許出席會議。

由於秀吉奪得三法師的後見人※之位，曾為重臣之首的勝家的地位相對處於下風。於是，在繼承人之爭當中落敗的信孝與勝家形成了反主流派，織田家的家臣分裂成兩派。這兩派所爆發的衝突正是**賤岳之戰**。**由於勝家方的前田利家離開戰場等原因，此場戰役最終由秀吉方獲勝，勝家與信孝最後雙雙自盡**。此後，戰國亂世的主角就改由秀吉擔綱演出。

秀吉與勝家之間的內鬥

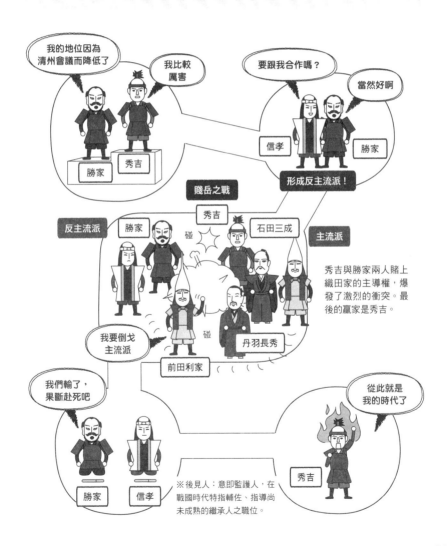

我的地位因為清州會議而降低了

我比較厲害

勝家　秀吉

要跟我合作嗎？

當然好啊

信孝　勝家

形成反主流派！

賤岳之戰

秀吉

反主流派　勝家　碰　石田三成　主流派

秀吉與勝家兩人賭上織田家的主導權，爆發了激烈的衝突。最後的贏家是秀吉。

我要倒戈主流派

碰　丹羽長秀

前田利家

我們輸了，果斷赴死吧

勝家　信孝

從此就是我的時代了

秀吉

※後見人：意即監護人，在戰國時代特指輔佐、指導尚未成熟的繼承人之職位。

117

03 沒有結局就落幕 秀吉與家康的正面對決

善於帶兵打仗的家康與外交好手秀吉，兩人的初次直接對決成了展顯雙雄各自特色的一役。

　　天正11年（1583年），自詡為信長真正繼承者的秀吉召集諸將領前往新建的**大坂城**。其中，信長的次子・信雄也現身於此。天正12年（1584年），反抗秀吉的信雄與德川家康結成同盟。羽柴方以奪下尾張國犬山城為契機，雙方爆發衝突。雖然打著信雄的名義，**但此戰在實質上則是家康對於最接近天下人位置的秀吉所發起的挑戰。**

建築大坂城、與家康對峙

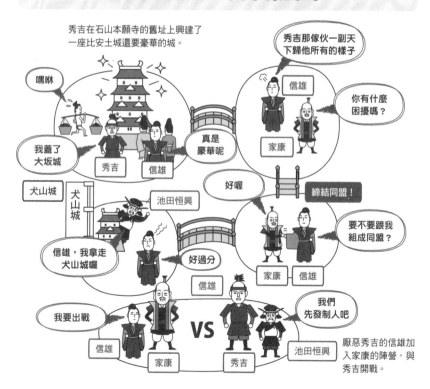

秀吉在石山本願寺的舊址上興建了一座比安土城還要豪華的城。

嘿咻

我蓋了大坂城

秀吉

信雄

真是豪華呢

秀吉那傢伙一副天下歸他所有的樣子

信雄

你有什麼困擾嗎？

家康

犬山城

犬山城

池田恒興

信雄，我拿走犬山城囉

好過分

好喔

締結同盟！

要不要跟我組成同盟？

家康　信雄

我要出戰

信雄　家康

VS

秀吉　池田恒興

我們先發制人吧

厭惡秀吉的信雄加入家康的陣營，與秀吉開戰。

　　家康於小牧山城布陣並加強防禦，以備秀吉的來襲。結果，秀吉抵達之後，戰況陷入膠著。對此焦慮不已的池田恒興獻策奇襲，於是羽柴方派出分隊。但這次的行動被家康察覺，導致分隊遭到殲滅，恒興也戰死沙場，因此秀吉果斷改變策略。**他與信雄單獨談和，而失去出兵名義的家康也只好同意談和，這場戰役就在無人勝出的狀況下告終。**

小牧・長久手之戰

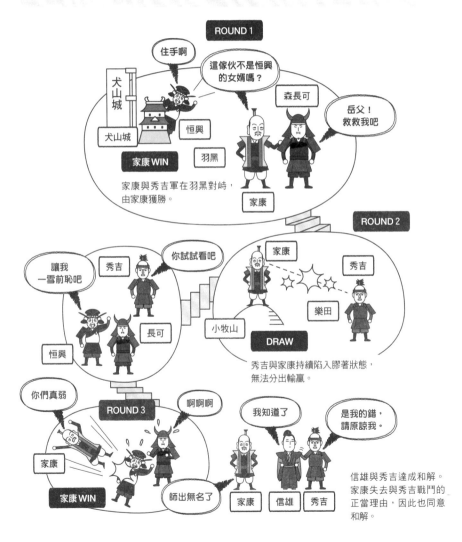

ROUND 1

住手啊

這傢伙不是恒興的女婿嗎？

森長可

岳父！救救我吧

犬山城

犬山城　恒興

家康 WIN　羽黑

家康

家康與秀吉軍在羽黑對峙，由家康獲勝。

ROUND 2

你試試看吧

家康

秀吉

讓我一雪前恥吧

秀吉

長可　小牧山　樂田

恒興　**DRAW**

秀吉與家康持續陷入膠著狀態，無法分出輸贏。

你們真弱

ROUND 3　啊啊啊

我知道了

是我的錯，請原諒我。

家康

家康 WIN　師出無名了

家康　信雄　秀吉

信雄與秀吉達成和解。家康失去與秀吉戰鬥的正當理由，因此也同意和解。

04

遭到秀吉軍的總攻擊
長宗我部元親投降

為了討伐成為四國霸主的長宗我部氏，秀吉決定派遣大軍。
短短兩個月的時間便平定了四國。

信長在生前便準備派兵前往四國，卻因本能寺之變而計畫中斷。土佐的長宗我部元親因此脫困，進而擴大其勢力，直到天正13年（1585年）為止，他已經將阿波、讚岐、伊予收歸至他的控制之下，完成四國的統一。然而，統一不過是一瞬間，**目標平定西部國家的秀吉將第一個目標鎖定在四國，於是派出十一萬人的大軍出征**。由秀吉之弟羽柴秀長代替臥病在床的秀吉擔任總大將。

秀吉軍的四國征伐

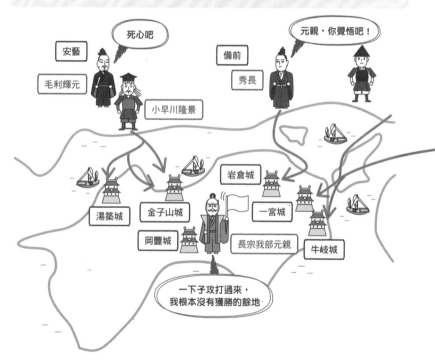

秀長的本隊由淡路前往阿波、宇喜多秀家由備前前往讚岐、小早川隆景由安藝前往伊予。羽柴軍兵分三路殺進四國，迎擊的長宗我部軍約為四萬人。元親打算先行游擊戰，進而打持久戰，但是氣勢凌人的羽柴軍從各個方向完全壓制長宗我部軍。短短兩個月，元親便向秀吉俯首稱臣。**元親曾為四國霸主，談和後卻僅保住土佐一國。**

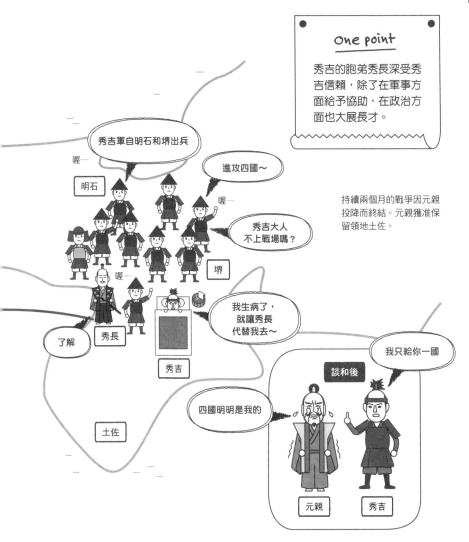

One point

秀吉的胞弟秀長深受秀吉信賴，除了在軍事方面給予協助，在政治方面也大展長才。

持續兩個月的戰爭因元親投降而終結。元親獲准保留領地土佐。

05 秀吉就任關白 姓氏由羽柴改為豐臣

在石山本願寺舊址興建大坂城的秀吉，不僅官拜關白，
更受天皇賜姓豐臣，無人能撼動其政權。

秀吉開始興建新的居城・大坂城。攝津國大坂是連接畿內與西國的交通要塞，周圍還有淀川等河流經過，形成天然的要害。這裡以前是石山本願寺，但石山本願寺在天正8年（1582年）被焚毀。大坂城本丸的竣工時間是在大坂城動工後兩年，也就是天正13年（1585年）。天守閣共五層九樓，規模宏偉，更勝安土城。**一般認為，這是因為秀吉想對內外展現出他凌駕於信長的能力。**

比安土城更加宏偉的大坂城

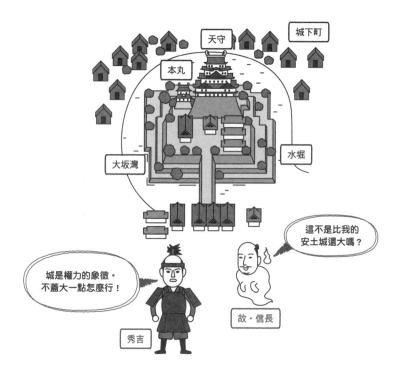

城下町

天守

本丸

水堀

大坂灣

這不是比我的
安土城還大嗎？

故・信長

城是權力的象徵。
不蓋大一點怎麼行！

秀吉

　　大坂城的本丸於天正13年竣工，同年，秀吉就任**關白**。關白為輔佐天皇的官位，是公家官位中的最高位階。而且，**更因為受正親町天皇賜姓豐臣，秀吉成為藤原氏以外就任關白的首例**。就這樣，秀吉登上了一人之下萬人之上的地位。另一方面，大坂城與城下的開發也逐步在進行，秀吉一步一步鞏固了他名符其實的天下人地位。

秀吉受賜豐臣之姓

信長在世時
信長主動提出辭去右大臣一職。

我不當右大臣了

咦～

真是困擾啊～

感到困擾的朝廷
對於因給予武士權力而保有權威的朝廷而言，信長的行動是個問題。

信長

朝廷

不過，信長在答覆之前便於本能寺遭襲。

進入秀吉的時代以後……

該怎麼辦呢

你選一個喜歡的吧

❶ 關白
❷ 太政大臣
❸ 征夷大將軍

信長

朝廷

One point

雖然秀吉也可以選擇征夷大將軍的官位，但他選擇地位僅次於天皇的關白一職。

當右大臣好嗎？

我覺得不吉利。我要當左大臣啦

已經有左大臣了，要不要當關白呢？

信長之前擔任右大臣，因此秀吉以不吉利為由拒絕。

好耶。那也賜我一個新的姓吧

交涉之後，秀吉獲得了關白一職以及新的姓氏。

1587 年

1400	1425	1450	1475	1500	1525	1550	**1575**	1600	1625

06 掌握九州的島津家 被秀吉擊敗

總數二十萬人以上的豐臣軍大軍壓境，島津氏統一九州的春秋大夢破碎。如此一來，西部國家幾乎都降伏於秀吉。

　　九州是豐後的大有氏、肥前的龍造寺氏以及薩摩的島津氏此三大勢力的龍爭虎鬥之地。島津氏不僅有優秀的當主義久，就連他的三個弟弟也都是佼佼者，兄弟齊心合力逐一擊破其他戰國大名，統一九州已是指日可待。就在這時，**豐後的大友宗麟投入豐臣秀吉的麾下，向秀吉請求支援，於是秀吉向義久下達停戰命令**。

前進九州的秀吉軍

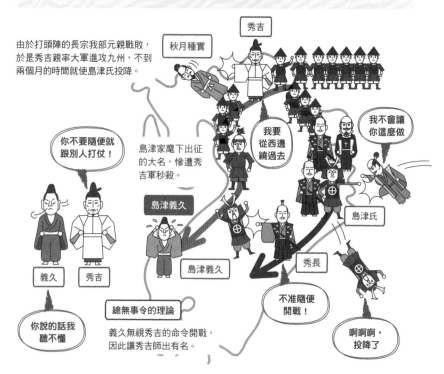

由於打頭陣的長宗我部元親戰敗，於是秀吉親率大軍進攻九州，不到兩個月的時間就使島津氏投降。

秋月種實

秀吉

你不要隨便就跟別人打仗！

島津家麾下出征的大名，慘遭秀吉軍秒殺。

我要從西邊繞過去

我不會讓你這麼做

島津義久

島津氏

義久　秀吉

島津義久

秀長

總無事令的理論

你說的話我聽不懂

義久無視秀吉的命令開戰，因此讓秀吉師出有名。

不准隨便開戰！

啊啊啊，投降了

　　秀吉頒布了禁止大名之間私鬥的總無事令，但義久拒絕此命令，因此秀吉決定討伐九州。但在天正14年（1587年）時，秀吉首先派出的長宗我部軍在第一仗**戶次川之戰**當中慘敗。翌年，**秀吉親率總數逾二十萬人的大軍登陸九州。**豐臣軍兵分二路，秀吉領兵的隊伍繞至西邊、秀長領兵的隊伍繞至東邊，兩隊南下進攻九州，終於迫使島津氏投降。

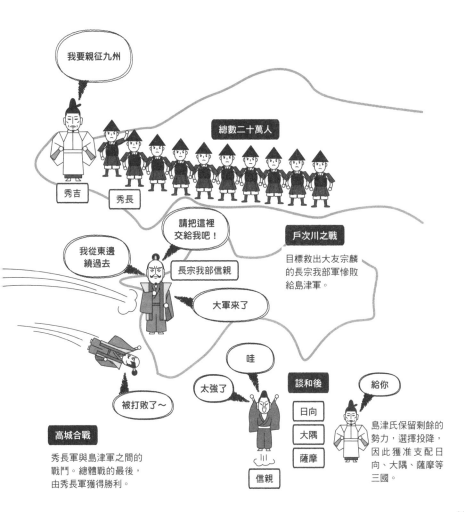

我要親征九州

總數二十萬人

秀吉　　秀長

請把這裡交給我吧！

我從東邊繞過去

長宗我部信親

大軍來了

戶次川之戰

目標救出大友宗麟的長宗我部軍慘敗給島津軍。

哇

太強了

談和後

日向

大隅

薩摩

信親

給你

島津氏保留剩餘的勢力，選擇投降，因此獲准支配日向、大隅、薩摩等三國。

被打敗了～

高城合戰

秀長軍與島津軍之間的戰鬥。總體戰的最後，由秀長軍獲得勝利。

07 忤逆秀吉的超新星 伊達政宗

亂世逐漸開雲見日，此時出現一名自東北窺伺天下的年輕人。那人就是別名獨眼龍的伊達政宗。

　　成為關白的秀吉平定了西部國家，逐漸鞏固其勢力，此時在東北出現一名遲來的英雄，那人就是伊達政宗。後人以別名**獨眼龍**稱呼他。天政 12 年（1584 年），18 歲的政宗繼承家督。那是本能寺之變發生後的第二年，也是秀吉與家康在小牧・長久手開戰的那一年。成為當主的政宗不顧秀吉頒布的總無事令，不斷與鄰近的各勢力展開領土爭奪之戰。

遲來的新秀・伊達政宗

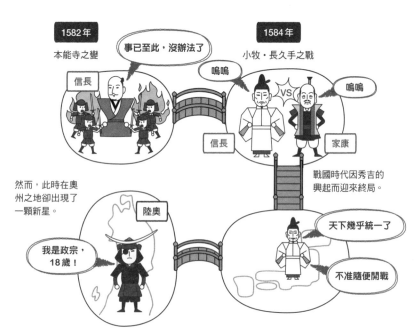

當秀吉與家康還在相爭時，奧州的伊達政宗繼承了家督。此後，政宗不斷擴大其領土。

天正17年（1589年），政宗與會津的蘆名義廣之間爆發了**摺上原之戰。政宗在此役中獲勝，使蘆名氏走向滅亡。後來他還吸收周邊的諸多勢力，終於掌控了南奧州。**對於推動統一大業的秀吉而言，這股逆流而上的新興勢力是無法容忍的。秀吉為了使政宗屈服，要求政宗參加小田原之戰。

以破竹之勢擴張領土的政宗

1589年，奧州兩大勢力相互爭霸

摺上原之戰

喝

伊達政宗

哈

蘆名義廣

我贏了！

秀吉對此感到不悅。

政宗，我要去打北條，你要不要來幫我？
by秀吉

政宗

嗯嗯

政宗

政宗打敗義廣，稱霸奧州。

小田原之戰開戰兩個月後，政宗才前往晉見秀吉。

秀吉

北條氏

政宗

你來得可真晚啊

秀吉

應該要跟哪一邊才對呢

在下是政宗

政宗親眼見識到秀吉壓倒性的軍事力量，下定決心向秀吉稱臣。

08 遭秀吉軍圍攻 北條氏滅亡

關白秀吉率領的大軍殺入北條氏的據點・小田原城。
自早雲以來的小田原北條氏被迫走上滅亡之路。

天正17年（1589年），北條氏進攻真田領。秀吉認定此舉有違總無事令，於是舉兵討伐北條氏。秀吉率領本隊進攻東海道，前田利家、上杉景勝、真田昌幸的軍隊與本隊並行，由北邊壓制北條氏的據點並且同時向小田原進攻。長宗我部元親、九鬼嘉隆等人的水軍則由海上封鎖小田原城。**封鎖海上的舉動，也意味著要截斷北條方的糧線補給。**

秀吉以總無事令為由進攻北條氏

真田昌幸與北條氏直為了領土而發生爭執。
氏直率先發起攻擊。

好痛啊　真田昌幸　北條氏直　上野是北條的領土

怎麼了？　秀吉

氏直，你要不要來玩啊

昌幸

北條氏攻過來了

昌幸向秀吉報告此事，因此秀吉決定進攻小田原。

小田原　前田利家　上杉景勝

家康

真田昌幸

秀吉

被包圍了～

氏直

秀吉率領大軍包圍氏直的居城・小田原城。

九鬼嘉隆　長宗我部元親

128

討伐軍的軍事力量及經濟力量皆勝過北條軍，他們圍攻小田原城，並進行持久戰。另一方面，**小田原城內不斷在進行討論，然而始終都得不出結論（小田原評定）**。在這之中，北條方紛紛出現叛變者以及通敵者，三個月後北條方投降。北條家的當主氏直被流放至高野山，而氏直的父親，也就是前任當主氏政則切腹自盡。自北條早雲以來，擁有百年榮華的小田原北條氏至此滅亡。

包圍小田原城的秀吉大軍

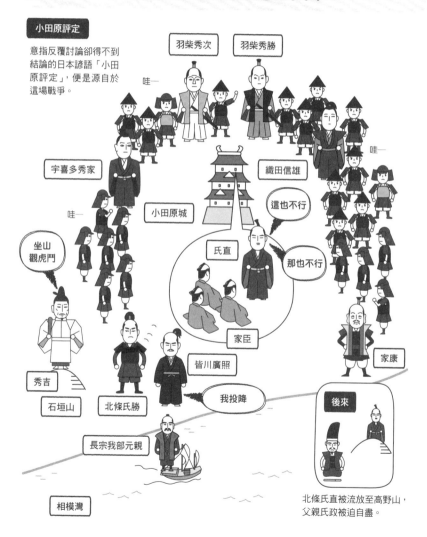

小田原評定

意指反覆討論卻得不到結論的日本諺語「小田原評定」，便是源自於這場戰爭。

羽柴秀次　羽柴秀勝

哇—

宇喜多秀家　　織田信雄

哇—　　小田原城　　這也不行

坐山觀虎鬥　　氏直　　那也不行

家臣

皆川廣照　　家康

秀吉

石垣山　　北條氏勝　　我投降

長宗我部元親

後來

相模灣

北條氏直被流放至高野山，父親氏政被迫自盡。

09 秀吉征服奧州 終於制霸全國

秀吉重新分配奧州諸大名的領地，確立對於先前尚未掌控的東北地方的控制。統一大業終於完成。

消滅小田原北條氏的秀吉對東北的諸大名進行領地的分配，史稱**奧州仕置**。透過此分配，**小田原之戰的參戰者、從前與秀吉交好者皆保留住他們的領地，未參與小田原之戰者則被改易**。伊達政宗雖有出征小田原之戰，卻在出兵時拖延，因此領地遭到刪減。秀吉靠著對於政宗的發配而進入東北，他派遣軍隊前往各處，逐一鎮壓反抗勢力。

秀吉主持的奧州領地裁決

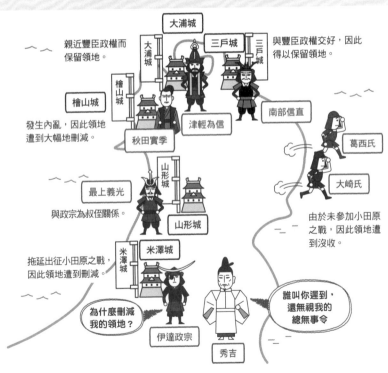

親近豐臣政權而保留領地。

與豐臣政權交好，因此得以保留領地。

大浦城

三戶城

檜山城

秋田實季

津輕為信

南部信直

發生內亂，因此領地遭到大幅地刪減。

葛西氏

大崎氏

最上義光

山形城

與政宗為叔侄關係。

由於未參加小田原之戰，因此領地遭到沒收。

米澤城

拖延出征小田原之戰，因此領地遭到刪減。

為什麼刪減我的領地？

伊達政宗

誰叫你遲到，還無視我的總無事令

秀吉

秀吉將文武雙全的蒲生氏鄉改封至舊伊達領的奧陸國會津，坐鎮東北地方。**透過奧州仕置進行一連串的領地重編，將東北收歸至控制之下的秀吉，終於達成統一全國的心願**。然而強硬的領地處分也產生了負面影響，就像天正18年（1590年）爆發的葛西大崎一揆，正是由那些遭到改易的大名舊臣所引起的叛亂。而且，政宗被懷疑煽動此次一揆行動，因此領地再次遭到刪減。

平定奧州，確實統一天下

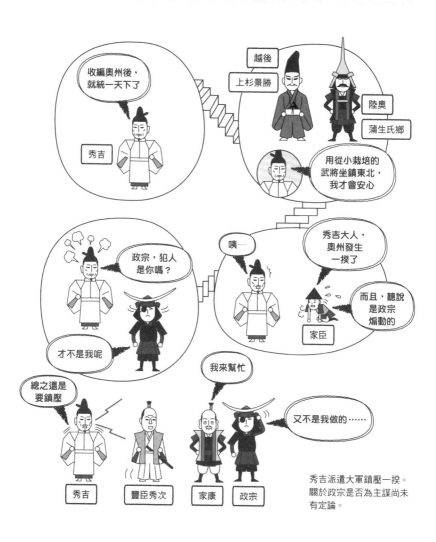

秀吉派遣大軍鎮壓一揆。
關於政宗是否為主謀尚未
有定論。

10 支持豐臣政權的 五大老及五奉行

秀吉用以輔佐年幼的秀賴而設定的政務委托者，是由有力的大名所組成的五大老，以及有能官僚所組成的五奉行。

　　秀吉晚年時，豐臣政權底下形成了**五大老・五奉行**制度。其中，五大老為五奉行的顧問。列名五大老的這五人分別為秀吉的同僚‧前田利家、受託坐鎮東北的上杉景勝、同樣參加四國‧九州征伐的毛利輝元、秀吉的義子宇喜多秀家，以及身為大大名的德川家康。**採用偏袒秀吉的這些人選，也等於是形成對家康的牽制。**

五大老是政權的最高顧問

▨ 秀吉於晚年時體制化的 合議制政權營運

秀吉在臨終之前籌畫了合議制的營運政權。與秀吉為老友關係的大名、備受禮遇的大名都列名五大老，牽制住身為大大名的家康。

　　行政方面的主要負責人為石田三成、淺野長政、增田長盛、長束正家、前田玄以，這五名秀吉從小培育的五名官僚組成了五奉行。雖說組成了所謂的五大老的合議制，但實際上的政權營運負責人則是五奉行。**普遍認為，實施一黨獨大體制的秀吉建立這樣的制度，都是為了年幼的秀賴**。因為若要使政權平安而穩固營運，那麼不論如何都需要有輔佐之人。

五奉行的主要任務

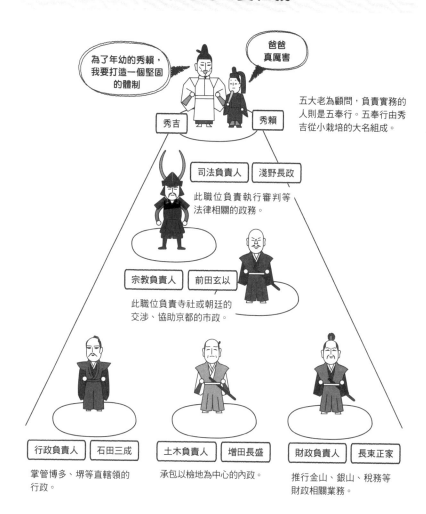

為了年幼的秀賴，我要打造一個堅固的體制

爸爸真厲害

秀吉　　秀賴

五大老為顧問，負責實務的人則是五奉行。五奉行由秀吉從小栽培的大名組成。

司法負責人　淺野長政

此職位負責執行審判等法律相關的政務。

宗教負責人　前田玄以

此職位負責寺社或朝廷的交涉、協助京都的市政。

行政負責人　石田三成

掌管博多、堺等直轄領的行政。

土木負責人　增田長盛

承包以檢地為中心的內政。

財政負責人　長束正家

推行金山、銀山、稅務等財政相關業務。

11 秀吉以太閣檢地與刀授推動統一大業

豐臣政權的重要基本政策，就是透過檢地使土地制度完善，提高政權的經濟實力，並透過刀狩推動兵農分離。

調查田地大小與收穫量的檢地制度從前早已在實行，但大多時候都是由農民自行申告。太閣檢地之所以是劃世代的制度，是因為此制度將計算的單位統一為石，並將計算方式從石盛（預測單位面積的收穫量）改變為計算土地收穫量的石高。如此一來，從前模稜兩可的收穫量不僅變得明確，石高也成為對於諸大名課稅或計算軍役的基準。

實行準確測量的太閣檢地

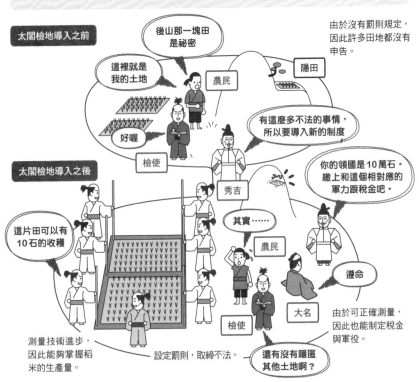

太閣檢地導入之前

由於沒有罰則規定，因此許多田地都沒有申告。

後山那一塊田是祕密

這裡就是我的土地

農民

隱田

好喔

檢使

有這麼多不法的事情，所以要導入新的制度

太閣檢地導入之後

你的領國是 10 萬石。繳上和這個相對應的軍力跟稅金吧。

秀吉

這片田可以有 10 石的收穫

其實……

農民

遵命

測量技術進步，因此能夠掌握稻米的生產量。

設定罰則，取締不法。

檢使

大名

由於可正確測量，因此也能制定稅金與軍役。

還有沒有隱匿其他土地啊？

　　讓農民放下手上武器的**刀狩**，是信長以及其他戰國大名都在推動的措施，秀吉在統一天下的過程中，將此舉的規模擴大至全國。**半農半兵的中世農民手上都握有武器，經常爆發農民起義，因此有必要解除農民的武裝**。秀吉稱遭沒收的武器是用來製作興建大佛殿所需的釘子、騎馬釘，其實這只是用來解除農民武裝的藉口。而刀狩令也成了促進兵農分離的原動力。

目標解除武力的刀狩令

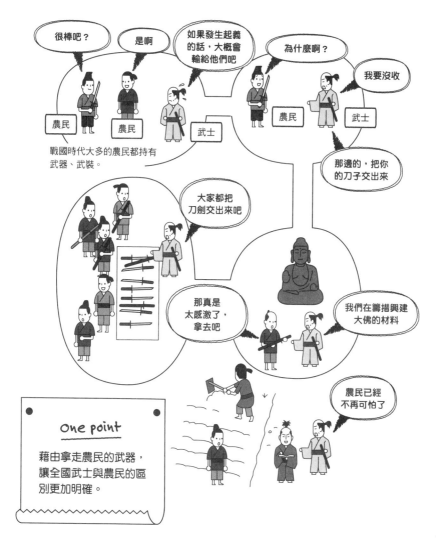

戰國時代大多的農民都持有武器、武裝。

one point

藉由拿走農民的武器，讓全國武士與農民的區別更加明確。

12 進攻朝鮮半島！秀吉的新野心

秀吉有著無限大的野心，完成統一之後，還想要征服中國明朝，於是派遣大軍前進朝鮮。

統一日本國內的秀吉為了擴張版圖，因此計畫前進海外。他在肥前國興建名護屋城當作前線基地。然後，文祿元年（1592 年）3 月，秀吉目標征服朝鮮，以朝鮮作為征服明朝的跳板，於是派出十六萬大軍渡海（**文祿之役**）。**以宇喜多秀家為指揮官的日本軍不到一個月就攻進朝鮮首都・漢城**。隨後，小西行長隊和平進入平壤城，加藤清正隊穿過位於國境的會寧，朝著明朝進攻。

秀吉飄洋過海的野心

統一天下的秀吉為了擴張領土，將目標鎖定中國。從順序上來看，作戰時得先經過朝鮮半島，才能攻打中國。

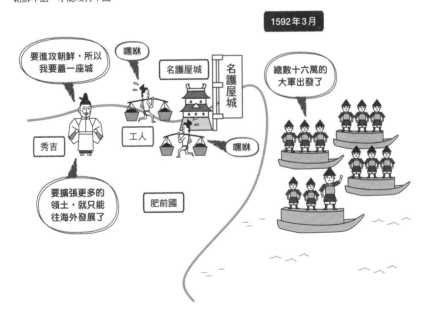

1592 年 3 月

要進攻朝鮮，所以我要蓋一座城

嘿咻

名護屋城

名護屋城

總數十六萬的大軍出發了

秀吉

工人

嘿咻

要擴張更多的領土，就只能往海外發展了

肥前國

開戰之初，日本軍的進攻占了優勢，逐一攻下主要都市。但是，各地都出現了反抗的民眾（義兵）。朝鮮加強了抵抗，**日本水軍也敗給了李舜臣率領的朝鮮水軍（閑山島海戰），戰況陷入危機。**而且，明朝的援軍也抵達了，因此戰況陷入膠著。身為遠征軍的日本軍隊出現了厭戰氛圍，文祿2年（1593年），日本與明朝之間開始進行和平交涉。

🟦 明朝於翌年1月支援朝鮮

秀吉企圖征服中國，開戰之初日本軍採取火速進擊，但到了戰爭後半時，明軍蜂擁而至，戰況因此陷入膠著。

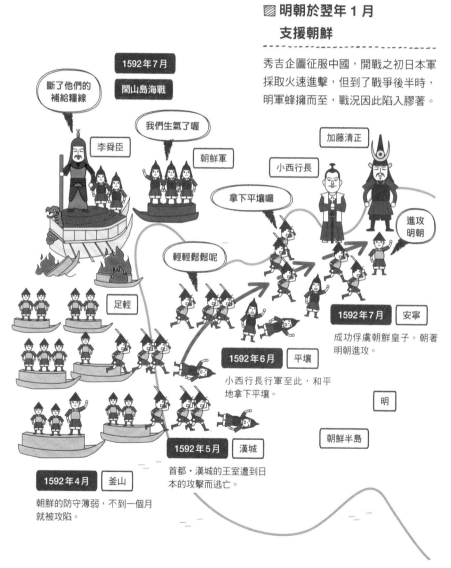

1592年7月　閑山島海戰

斷了他們的補給糧線　李舜臣

我們生氣了喔　朝鮮軍

拿下平壤囉

輕輕鬆鬆呢

小西行長　加藤清正

進攻明朝

足輕

1592年7月　安寧
成功俘虜朝鮮皇子。朝著明朝進攻。

1592年6月　平壤
小西行長行軍至此，和平地拿下平壤。

明

朝鮮半島

1592年5月　漢城
首都・漢城的王室遭到日本的攻擊而逃亡。

1592年4月　釜山
朝鮮的防守薄弱，不到一個月就被攻陷。

137

13 和平交涉決裂 再次出兵朝鮮半島

和平交涉決裂，因此秀吉決定再次出兵朝鮮，然而自己卻在不久後驟逝。沒有分出勝負的日本軍就這樣撤退了。

　　文祿之役暫時休戰，日本與明朝之間進行和平交涉。此時，小西行長等人代表的日本交涉使者向秀吉稟告明朝投降，而明朝的交涉使者則向朝廷稟告日本投降，雙方使者都因顧忌上層的臉色而做出虛假的報告。因此在與明朝使節見面之際，**秀吉察覺使者根本沒有向中國朝廷傳達自己的要求，因此慶長2年（1597年）時決定再次出兵朝鮮。**

明朝與日本的和平交涉決裂

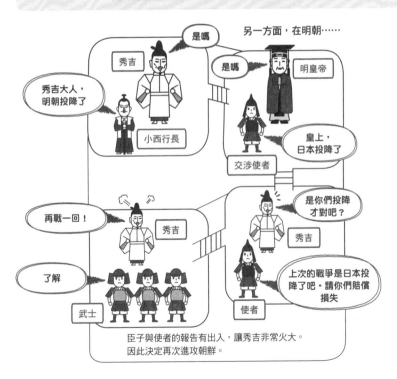

臣子與使者的報告有出入，讓秀吉非常火大。
因此決定再次進攻朝鮮。

第二次出兵朝鮮（慶長之役）的主要戰場僅限於朝鮮南部。因為在和平交涉當中，秀吉提出的條件之一是割讓朝鮮南部，此次進攻作戰的目的就是為了以武力實現此條件。**此次進攻，日本軍同樣在開戰初期占上風，但漸漸開始遭到反擊**。此時，秀吉病逝。以五大老・五奉行為首的政權中樞決定撤兵，戰爭迎來終結。

第二次出兵挑戰

日本軍受明、朝鮮的攻擊而陷於困境。此時，因為秀吉病逝，
日方不得已只好撤兵。

14 因天下人秀吉之死 天下再次陷入混亂

雖然完成統一全國的大業，但由於秀吉晚年的失政，
使得豐臣政權的骨幹開始動搖。

秀吉雖然已成為天下人，但晚年的失政相當嚴重。特別是文祿・慶長之役使
譜代家臣疲於奔命，還讓武官與文官產生對立等等，在政權中樞留下了巨大的
禍根。**又因嫡子・秀賴的誕生，而誅殺了繼承關白之位的養子・秀次一族，此
舉也是秀吉的一大失策**。原本就人丁稀少的豐臣一門此後人數銳減，成為豐臣
政權不穩的因素。

秀吉的晚年弊政不斷

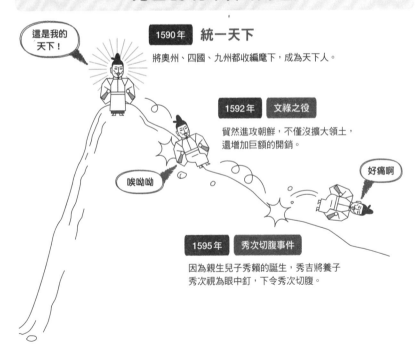

這是我的
天下！

1590年 統一天下

將奧州、四國、九州都收編麾下，成為天下人。

1592年 文祿之役

貿然進攻朝鮮，不僅沒擴大領土，
還增加巨額的開銷。

好痛啊

唉呦呦

1595年 秀次切腹事件

因為親生兒子秀賴的誕生，秀吉將養子
秀次視為眼中釘，下令秀次切腹。

　　慶長3年（1598年）3月，秀吉在集有七百棵櫻花樹的醍醐寺庭園內舉行一場盛大的賞花活動（醍醐花見），但卻在5月左右開始臥病。**他將遺書交到五大老等有力大名的手上，要求這些大名上繳發誓效忠豐臣家的起請文**。7月，秀吉委託德川家康擔任秀賴的後見人後，便在8月18日病逝伏見城。令秀吉操心不已的秀賴，當時年僅6歲。

好機會！

家康

比半路就被幹掉的
我還要更努力呢

信長

爸爸

秀賴

各位，
永別了

秀吉

臨終前將遺書交到諸位大名的手上。
無法親手替繼承人打好穩固基礎的秀
吉就這樣撒手人寰。

來寫遺書吧

1597年　　慶長之役

秀吉再度出兵朝鮮，卻在戰
爭尚在進行時病倒。

秀吉

百姓之子？私生子？
探究秀吉的出生之謎

　　在一般公認的說法當中，認為秀吉是在天文6年（1537年）2月6日或天正5年（1536年）1月1日出生於尾張國。根據《太閤素生記》記載，秀吉的父親為前鐵砲足輕木下彌右衛門，母親為阿仲。

　　不過，由於鐵砲傳入種子島是在天文12年（1543年），而且彌右衛門也於同年逝世，因此此一公認的說法令人存疑。

　　另外，阿仲在彌右衛門死後與織田家的同朋眾・竹阿彌再婚，《甫庵太閤記》當中記載，竹阿彌為其繼父。而且，在竹中半兵衛之子・重門所著的《豐鑑》當中，記載秀吉為中村鄉的下層階級之子，父母之名不詳。在大村由己的《天正記》當中，則說秀吉的祖父為流亡至尾張的貴族・荻中納言，其女・阿仲在宮中服侍時受天皇臨幸而身懷龍種。阿仲回到尾張生下的孩子正是秀吉。

　　關於秀吉的身世眾說紛紜。針對這些說法進行查證檢驗，也是歷史的奧妙樂趣之一。

制霸
戰國亂世的
德川家康

秀吉逝世之後，迫不及待的某人
火速展開行動。出色地在戰
亂之世連連制勝，笑到
最後的那個人正是
德川家康。

01 勢力失去平衡 豐臣政權開始崩壞

秀吉逝世，握有實權的前田利家隨後亦病逝，於是家康策劃使豐臣政權從內部開始崩壞。

在秀吉逝世之後，利家也跟著病逝，政局一時之間動盪不安。七將領（加藤清正、淺野幸長、蜂須賀家政、福島正則、藤堂高虎、黑田長政、細川忠興）襲擊五奉行之一的石田三成。**三成與七將領早在出兵朝鮮時便開始針鋒相對，當居中調解緩頰的利家逝世後，雙方之間的衝突終於浮上檯面**。然而此次的襲擊在家康的調停之下達成了和解。

石田三成與諸將領的內部分裂

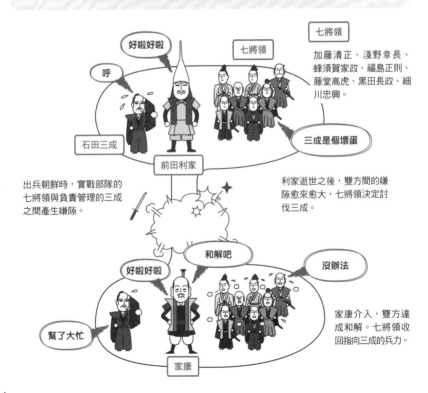

好啦好啦

呼

七將領

七將領

加藤清正、淺野幸長、蜂須賀家政、藤堂高虎、黑田長政、細川忠興。

石田三成

三成是個壞蛋

前田利家

出兵朝鮮時，實戰部隊的七將領與負責管理的三成之間產生嫌隙。

利家逝世之後，雙方間的嫌隙愈來愈大，七將領決定討伐三成。

和解吧

好啦好啦

沒辦法

幫了大忙

家康

家康介入，雙方達成和解。七將領收回指向三成的兵力。

　　家康掌握住分裂政權的大好時機，指控利家的繼承人前田利長有謀反之嫌，迫使前田利長臣服，透過這些動作逐步瓦解維護豐臣體制的五大老五奉行制度。而且，家康還**違背禁令，擅自與大名之間聯姻，親自促使豐臣政權的內部崩壞**。三成意欲維持豐臣政權，嚴厲譴責行為過火的家康，並在徵得毛利輝元的同意之後，於京阪舉兵。

家康與豐臣政權的瓦解

內部分裂是我奪得天下的好時機

從內部破壞是最好的方法呢

你企圖謀反

哪有

家康

家康策劃瓦解局勢不穩的豐臣政權。

我想怎麼做，就怎麼做～

前田利長

我給你們增加領地吧

家康大人太棒了

指控前田利家之子有謀反的嫌疑，欲使之倒台。

哇一

政權崩壞囉～

跟我兒子結婚吧

以秀賴之名增封薩摩‧大隅的島津氏、丹後‧宮津的細川氏等人。

喔喔一

我無法忍受家康的行為

是的

家臣

喔喔一

三成

毛利輝元

迎娶伊達政宗之女為兒媳，不顧禁令與其他大名私自聯姻。

三成迎接五大老之一的毛利輝元，決定舉兵討伐目中無人的家康。

二分天下的決戰！
關原之戰

石田三成在家康討伐會津時起兵。家康指派福島正則等人為先鋒部隊，前進岐阜城。關原之戰開戰在即。

慶長5年（1600年），家康指控人在會津的上杉景勝有謀反之嫌，傳喚景勝上洛。然而，景勝對此不予回應，仍在會津逗留，於是家康以朝廷的身分組成一支討伐景勝的軍隊。**家康率領數大名留守畿內，但其實這是用來讓石田三成起兵的「引子」。**家康指派福島正則等受豐臣恩惠的大名組成先鋒部隊出征。之後，兩軍爆發了激烈的衝突。

大戰的契機是上杉景勝的謀反

為了討伐有謀反嫌疑的景勝，家康率領大軍前往會津，而三成、輝元趁隙出兵。家康派福島正則擔任先鋒部隊前往會津。

因居城若松城空間不足，於是景勝興建一座新城。家康認為此舉有謀反的嫌疑，因此出兵進攻。

東西軍總計十五萬人的**關原之戰**，於慶長5年（1600年）9月15日的朝霧瀰漫之時正式開戰。**東軍當中率先出擊的井伊直政與福島正則展開激烈的戰鬥。此時，西軍的小早川秀秋隊卻倒戈投奔東軍。**而且，身為西軍總大將的毛利軍隊並未有所行動，於是後方的長宗我部盛親也按兵不動，導致西軍的島津豐久、島左近等人戰敗，三成逃亡。開戰僅僅半日就定了勝負。

名留青史的決定天下之戰

西軍

毛利輝元為大將，石田三成、島左近、島津義弘、宇喜多秀家等人參戰。

石田三成　快逃

啊啊

衝啊

井伊直政

島左近

去吧

嗚啊

島津豐久

東軍

家康為大將，福島正則、黑田長政、藤堂高虎、本多忠勝等人參戰。

衝啊

家康

福島正則

我要倒戈

小早川秀秋

倒戈軍

由西軍倒戈至東軍的叛變者，有小早川秀秋、朽木元綱、脇坂安治等人。

▨ 東軍因西軍倒戈而占優勢

關原之戰的戰況激烈，兩軍大約都是八萬兵力。家康早在事前就寫信給西軍的諸位將領，進行策動西軍倒戈的行動。以小早川秀秋為首約有兩萬兵力倒戈，因此東軍在戰況上獲得壓倒性的優勢，最後取得勝利。

03 趁東西兩軍激烈交戰 黑田如水舉兵

正當關原之戰激烈交鋒的時後，隱居中的黑田如水（官兵衛）於九州舉兵征討西軍的大友義統。

在大坂接下秀賴委託的武器之後，大友義統便回到故國豐後。如水遊說義統加入德川方，但是義統並未接受如水的遊說，並且進攻因討伐會津而不在城內的細川忠興的杵築城。城將松井康之向如水請求援軍，**隱居於中津城的如水立刻招集兵力，並親自率兵出陣**。如水在行軍的途中同時進攻諸城，最後於石垣原（現今的別府市）與大友軍交鋒。這是在關原之戰前兩天所發生的事。

黑田如水的「九州關原之戰」

拿走吧　豐臣秀賴

義統接下秀賴賞賜的武器，決定加入西軍參戰。

感激不盡

大友義統

東軍比西軍好唷

黑田如水

我不要

義統

如水遊說義統加入東軍，但義統充耳不聞。

進攻會津的上杉囉

黑田長政　好～　細川忠興

家康

忠興、長政為了討伐會津的上杉而離開九州。

如水召集牢人眾，與義統展開對戰。

松井康之　如水大人，救命啊～

走吧　義統　杵築城

義統進攻杵築城，忠興指派留守杵築城的康之向如水請求援軍。

大友軍與黑田軍之間的交戰如火如荼，到了傍晚時分，黑田軍終於擊敗大友軍。趁勝追擊的如水逐一攻克加入西軍的九州大名居城，並與東軍的加藤清正、鍋島直茂一同攻下立花宗茂的居城‧柳川城。而且，**如水為了討伐島津義久而有意出征薩摩，卻因家康的命令而中止**。因為關原之戰的戰線拉得太長，就會出現爭奪天下的勢力。

如水征討加入西軍的九州軍隊

我要取得天下

如水

小倉城

富來城

安藝城

鍋島直茂

久留米城

柳川城

義統

黑田軍與直茂、清正等人一同攻打加入西軍的宗茂。

啊啊

立花宗茂

加藤清正

石垣原之戰

如水軍與義統軍的對戰。曾一度陷入苦戰，但兵力勝過對方的如水軍最後擊破義統軍。

就只剩下島津了

如水大人，停下來

▨ 一度引退的如水逐一攻下九州的居城

呼，得救了

島津氏

黑田如水已將家督之位傳讓給黑田長政。他在有力大名都出征關原之戰的時候，趁隙在九州恣意橫行。

149

1600 年

1400	1425	1450	1475	1500	1525	1550	1575	1600	1625

04 同陣營的大名加封領地！德川家康的戰後處理

關原之戰結束，家康對東軍增封、安堵[※]，對西軍則處以改易[※]等等，按照戰場上的表現給予賞罰。

因關原之戰確立霸權的德川家康實施了知行宛行。領地增封者大半都是在關原之戰當中實際出征的武將，不過，不僅是關原之戰有功的戰將，像是加藤**清正**等**在九州以東軍的身分與西軍交戰的武將也都被增封領地**。此外，也有受豐臣恩惠的武將大幅增封，像是福島正則、黑田長政等人就成為一國之主。只是，這些大名都被改封到偏遠的西部國家，排除在畿內和東海道之外。

關原之戰的戰後處理

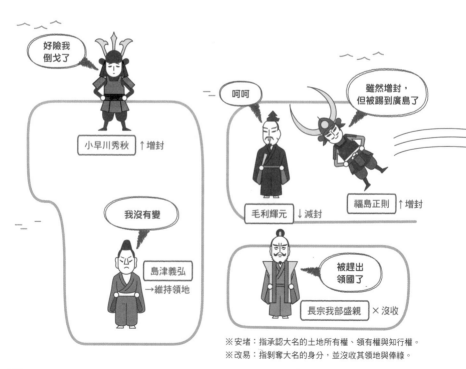

※安堵：指承認大名的土地所有權、領有權與知行權。
※改易：指剝奪大名的身分，並沒收其領地與俸祿。

東海道等要衝之地是由與德川交好的武將或大名固守。為了包圍秀賴所在的大坂城，家康將四男松平忠吉分封至尾張、迎娶家康次女・督姬的池田輝政分封至播磨、井伊直政分封至近江，**布下一張防衛網監視著豐臣秀賴與受豐臣恩惠的大名**。此外，還藉由在各地設置幕府直轄地，斷絕大名之間的往來，同時增加財政收入。

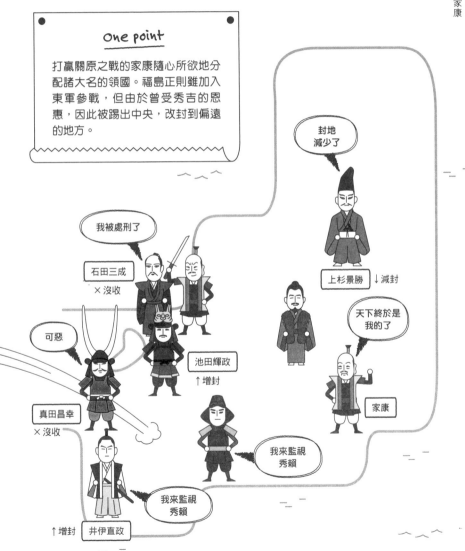

One point

打贏關原之戰的家康隨心所欲地分配諸大名的領國。福島正則雖加入東軍參戰，但由於曾受秀吉的恩惠，因此被踢出中央，改封到偏遠的地方。

封地減少了

石田三成
×沒收

我被處刑了

上杉景勝 ↓減封

天下終於是我的了

可惡

池田輝政
↑增封

家康

真田昌幸
×沒收

我來監視秀賴

我來監視秀賴

↑增封 井伊直政

05 江戶幕府成立 拉開新時代的序幕

關原之戰是一場處置三成等反德川勢力的戰爭。家康此時 雖然還是豐臣家家臣，但被任命為將軍，開設了幕府。

家康結束關原之戰的戰後處理之後，由大坂城的西之丸前往伏見城，他為了要執行政務而就任**征夷大將軍**。家康本為源平藤橘四氏之後，為藤原氏的後裔，而家康為了得到官位，除了原本的藤原氏後裔的身分之外，**又自稱是源氏一流的新田氏的子孫，因此獲得源氏姓**。正式成為征夷大將軍的家康將權力發揮至極限，強化了幕藩體制。

任命德川家康擔任征夷大將軍

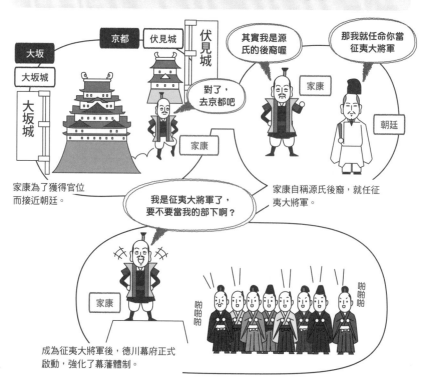

京都　伏見城　伏見城

大坂

大坂城

大坂城

其實我是源氏的後裔喔

家康

那我就任命你當征夷大將軍

朝廷

對了，去京都吧

家康

家康為了獲得官位而接近朝廷。

家康自稱源氏後裔，就任征夷大將軍。

我是征夷大將軍了，要不要當我的部下啊？

家康

啪啪啪　啪啪啪　啪啪啪

成為征夷大將軍後，德川幕府正式啟動，強化了幕藩體制。

雖為幕藩體制，但德川幕府將大名分為三種，分別為**親藩、譜代、外樣**。親藩大名是德川宗家成為大名的子弟所擔任的藩主，分封至尾張、紀伊、水戶等地。譜代大名是在關原之戰以前就與德川家締結主從關係的大名。而在關原之戰以後才締結主從關係的大名則為外樣大名。**親藩大名與譜代大名都能參與謀議，而外樣大名不但不具此權限，還會被分封到偏遠之地。**

德川幕府體制的基本

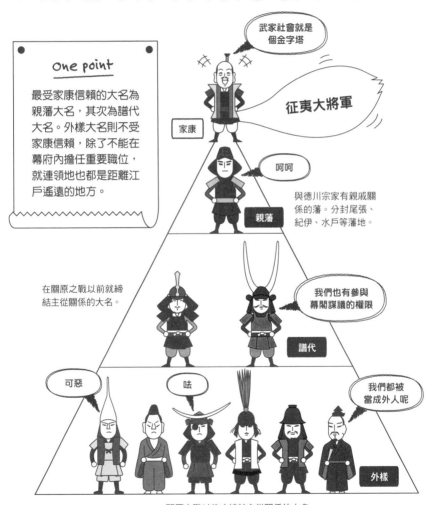

one point

最受家康信賴的大名為親藩大名，其次為譜代大名。外樣大名則不受家康信賴，除了不能在幕府內擔任重要職位，就連領地也都是距離江戶遙遠的地方。

武家社會就是個金字塔

征夷大將軍

家康

呵呵

與德川宗家有親戚關係的藩。分封尾張、紀伊、水戶等藩地。

親藩

在關原之戰以前就締結主從關係的大名。

我們也有參與幕閣謀議的權限

譜代

可惡

呸

我們都被當成外人呢

外樣

關原之戰以後才締結主從關係的大名。

06 僅僅兩年就閃電隱退！德川家康讓出家督之位

德川幕府成立兩年之後，家康便辭去將軍一職，並將家督之位傳給嫡子秀忠，向天下宣示將軍一職將為世襲制。

家康的三男秀忠在關原之戰開戰前，曾經進攻真田昌幸、信繁（幸村）據守的信州上田城，然而秀忠並未攻下此城，還因此**沒趕上關原之戰，德川家的重臣都認為他很沒用。**家康共有十一個孩子，次男結城秀康在上野窺伺上杉勢力的動靜，等待時機出襲；四男松平忠吉在關原之戰表現驍勇且有決斷力。這三人都是將軍繼承人選，而此時家康已決意要讓德川家繼承將軍的職位。

家康的繼承人會是誰!?

次男・結城秀康

喔喔

上杉景勝

三男・德川秀忠

真田信繁（幸村）

真田昌幸

嗚嗚

四男・松平忠吉

勇猛果敢

長男・信康

我已經不在這個世界了

範圍縮小到只剩三個人

家康

📖 在位兩年便早早交棒給兒子

家康為了讓兒子建立權威，於是早早辭去將軍一職。另外，此舉也是為了提早防範因政權交替而引起的內亂。

　　榊原康政為家康手下的德川四天王之一，他謁見家康並道出秀忠進攻上田城的始末，使秀忠的名譽得以恢復。在後來的選定會議當中，雖然僅有大久保忠鄰一人推舉秀忠，但是家康最後還是任命秀忠擔任第2代將軍。**這些大名看見家康把將軍職位傳給兒子，便清楚了解家康不會把將軍職位還給豐臣家，而是要讓德川家世襲**。想必在大坂城的淀殿與秀賴會對此震驚不已。

決定由秀忠擔任第2代將軍

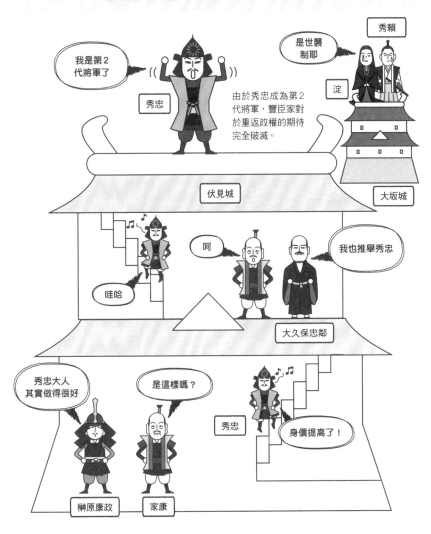

07 天下普請、沒收大船 削弱大名的經濟能力

家康為了進行江戶城擴張工程而進行天下普請，向諸大名要求人力資源以及金錢支援，以此削弱大名的力量。

慶長8年（1603年）江戶幕府開府，家康欲改修由太田道灌所興建的小規模江戶城，並著手建造城下町。此為由全國諸大名共同分擔工程的「**天下普請**」。第一次工程中，修築了本丸到二之丸、三之丸等處的石牆，並且打好天守閣的基礎。此次工程主要都是動員西部國家的諸大名。後來，**天守閣等江戶城的機密部分則由東日本的譜代大名負責**，以防情報外洩。

大名總動員的江戶城大改造

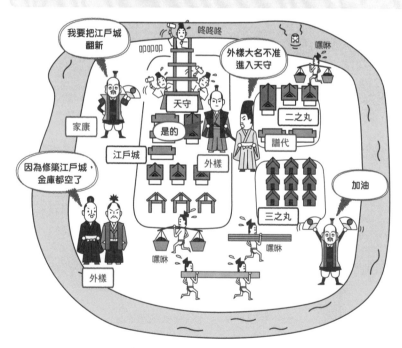

不僅要修建江戶城，還要一併進行江戶周邊的治水工程，費用則由大名分攤。

「**大船建造禁止令**」於慶長14年（1609年）制定，雖是由第2代將軍‧秀忠頒布，但實際上是家康掌握實權，下達禁令。此禁令主要是針對西日本的大名所頒布，**不僅禁止建造船艦，若貨船超過500石，也一樣會遭到沒收**。遠航船隻等朱印船則不在此限，禁令的首要目的在於削弱軍事上的水軍戰力。

禁止大名擁有大船

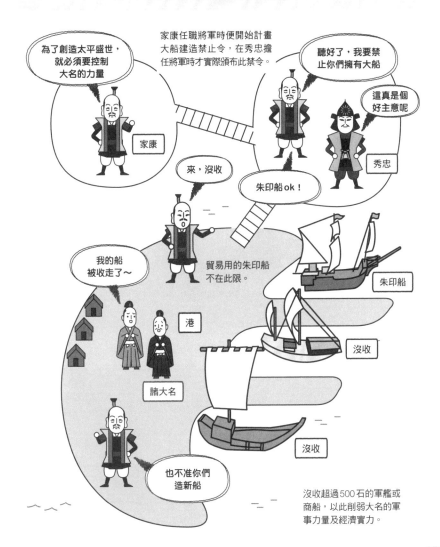

家康任職將軍時便開始計畫大船建造禁止令，在秀忠擔任將軍時才實際頒布此禁令。

為了創造太平盛世，就必須要控制大名的力量

家康

聽好了，我要禁止你們擁有大船

這真是個好主意呢

秀忠

來，沒收

朱印船ok！

貿易用的朱印船不在此限。

朱印船

我的船被收走了～

港

諸大名

沒收

也不准你們造新船

沒收

沒收超過500石的軍艦或商船，以此削弱大名的軍事力量及經濟實力。

08 出兵琉球的薩摩藩主 島津家久

自秀吉到家康、秀忠時代，島津家久一直扛著巨大的財政負擔，於是他策劃使琉球割讓奄美以及對琉球貿易。

家康希望可以恢復因秀吉出兵朝鮮而中斷的對明貿易，於是透過對馬藩與薩摩藩進行談和交涉。此時，琉球的船隻漂流到了仙台藩領，而仙台藩也慎重地護送船隻回到琉球，但琉球王卻未送禮答謝。**島津氏雖得到家康許可而計畫出兵琉球，但對於家康而言，日明談和才是第一要務。** 幕府在最後一刻要求中止出兵琉球，然而慶長14年（1609年）時，總人數三千人的島津兵已啟航出港。

薩摩藩出兵琉球王國

進攻奄美、德之島等島嶼的島津軍隊登陸本島。到處都展開了激烈的戰鬥，雙方皆犧牲許多士兵，最後，琉球王國的王城・首里城淪陷。琉球王・尚寧王投降遭捕。**此後，琉球在實質上收歸至薩摩藩的控制之下，與論島以北的島嶼正式成為薩摩藩的直轄地**。只是，家康所希望的日明講和則因明朝滅亡而未能實現。

約一個月的時間即成功壓制琉球

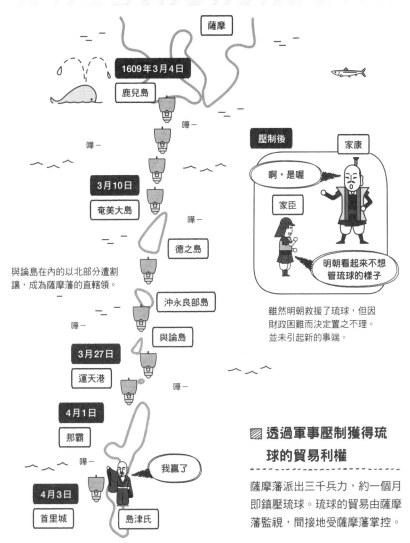

薩摩

1609年3月4日
鹿兒島

嘩─

3月10日
奄美大島

嘩─

德之島

與論島在內的以北部分遭割讓，成為薩摩藩的直轄領。

沖永良部島

嘩─

與論島

3月27日
運天港

嘩─

4月1日
那霸

嘩─

4月3日
首里城

島津氏

我贏了

壓制後

家康

啊，是喔

家臣

明朝看起來不想管琉球的樣子

雖然明朝救援了琉球，但因財政困難而決定置之不理。並未引起新的事端。

▨ 透過軍事壓制獲得琉球的貿易利權

薩摩藩派出三千兵力，約一個月即鎮壓琉球。琉球的貿易由薩摩藩監視，間接地受薩摩藩掌控。

09 家康的刁難！方廣寺鐘銘事件

受豐臣家恩惠的武將逐漸凋零，慶長19年（1614年），爆發了方廣寺大佛殿鐘銘事件。

關原之戰以後，豐臣家成為攝津、河內、和泉此三國的領主，雖然家康希望豐臣家從此斷嗣，但是當時還有許多思慕豐臣家的大名。然而淺野長政・幸長父子、池田輝政、加藤清正等大名相繼離世，又因前田利長發病，而讓家康得到大好的機會。**家康針對淀殿與秀賴興建的方廣寺的鐘銘上所刻的文字「國家安康」刻意刁難**，以此作為對付豐臣家的踏板。

豐臣與德川的關係惡化

淺野長政

我不行了

來這邊

前田利長

池田輝政

加藤清正

淺野幸長

受到豐臣家恩惠的家臣一個接著一個過世了

家康

藥

家康會自行調配藥方，比旁人加倍注重身體健康。

有一天……

是喔，我們去看看

秀賴大人好像建造了一尊大佛呢

這是什麼！

國家安康

家臣

家康認為「國家安康」將他的名諱分開刻在鐘銘上是在暗指家康政權不穩，還說「君臣豐樂」四字可以解讀成豐臣為君而百姓樂居。此銘文由南禪寺的文英清韓起草，雖然他在駿府為自己辯白，卻不被採信，因此大佛開眼供養的儀式遭延期。**此事件過後，豐臣家與幕府之間的對立愈來愈深，關係到不久之後的大坂之陣。**

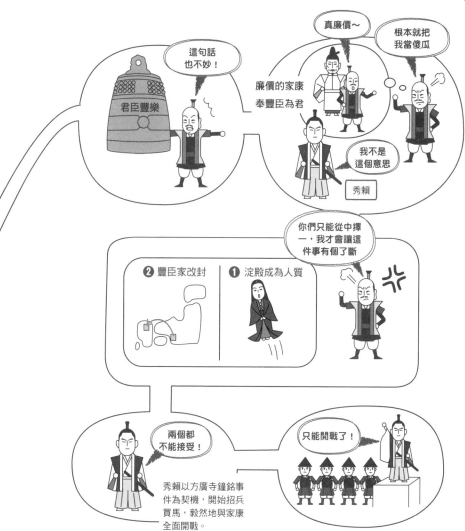

10 完全包圍大坂城！大坂冬之陣開戰

德川方要求豐臣家承諾「秀賴稱臣、淀殿到江戶當人質、改封領國」其中一項，豐臣家拒絕。大坂之陣於是開戰。

大坂城召集了約十萬兵力，其中包含被流放至九度山的真田信繁（幸村）、成為浪人的後藤又兵衛與長宗我部盛親。信繁（幸村）提議正面迎擊，而豐臣方採用由大野治長提出的籠城戰，因此必須購入武器、建造櫓、接收市中諸大名的藏屋敷內的米糧。而家康則從駿府出發，經由二條城，再從奈良前往大坂的住吉大社。**約二十萬德川軍由四面八方包圍住大坂城（<u>大坂冬之陣</u>）。**

雙方終於展開激烈的戰鬥

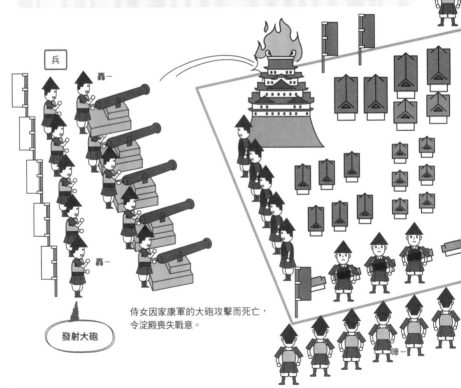

兵

轟—

轟—

發射大砲

侍女因家康軍的大砲攻擊而死亡，令淀殿喪失戰意。

嘩—

初戰於市中的堡壘四周開打，兵力勝過對方的德川軍隊慢慢地逼近了大坂城，**卻在大坂城南邊興建的防禦堡壘真田丸打了一場苦戰**。擊中本丸的大砲促成了終戰和議，淀殿看見砲彈打到眼前，侍女喪命，即使再剛強的她也大受打擊。家康提出的停戰條件是要求撤除二之丸等建物以及填平外壕溝，但就連內壕溝也一併遭填平，大坂城成了一座裸城。

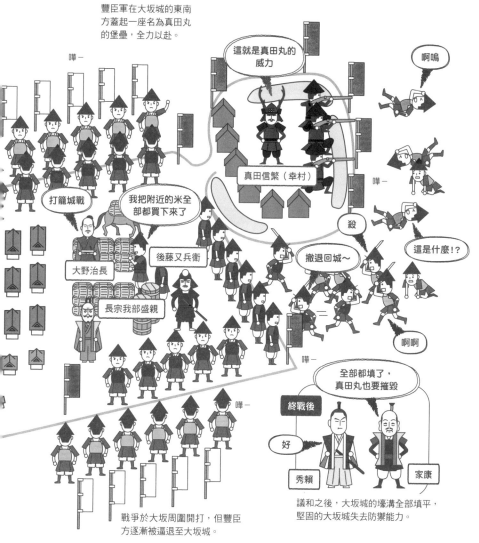

豐臣軍在大坂城的東南方蓋起一座名為真田丸的堡壘，全力以赴。

嘩—

這就是真田丸的威力

啊嗚

真田信繁（幸村）

嘩—

打籠城戰

我把附近的米全部都買下來了

大野治長

後藤又兵衛

撤退回城～

殺

這是什麼！？

長宗我部盛親

啊啊

嘩—

全部都填了，真田丸也要摧毀

終戰後

好

秀賴

家康

戰爭於大坂周圍開打，但豐臣方逐漸被逼退至大坂城。

議和之後，大坂城的壕溝全部填平，堅固的大坂城失去防禦能力。

163

11 元和偃武！大坂夏之陣 拉下戰亂歷史之幕

冬之陣終結以後，豐臣家仍有招集浪人等行動，蠢蠢欲動；
另一方面，家康也有製造大砲等戰爭準備，再戰已是必然。

因判斷無法以裸城的狀態進行籠城戰，於是豐臣方決定在大坂城周圍開戰，史稱**大坂夏之陣**。由於淀川流經大坂城北側，因此主要以西南側為戰場，發生了後藤又兵衛戰死的道明寺之戰、木村重成進攻藤堂高虎軍隊的八尾・若江合戰等。**其中最著名的戰役，就是真田信繁（幸村）、毛利勝永、大野治房、明石全登等人發起總攻擊的天王寺・岡山合戰**。猛烈攻擊逼得家康兩度考慮自盡。

豐臣家於大坂夏之陣滅亡

道明寺之戰

信繁（幸村）與德川軍交戰。以三千兵力擊退對方的一萬兵力。

真田信繁（幸村）

殺啊

天王寺・岡山之戰

在大坂城外展開的傳說一戰。信繁（幸村）在此役中戰死。

快逃～

長宗我部盛親

八尾之戰

長宗我部盛親與藤堂軍激烈交戰，對藤堂軍造成巨大的打擊。

救命啊～

秀賴

大野治房

大河郡山城之戰

家康方的筒井定慶所據守的大河郡山城遭大野治房攻擊。定慶脫離戰線。

木村重成

殺啊

若江之戰

豐臣方的年輕武者・木村重成奮力迎敵，最後仍然戰死。

大坂城淪陷

家康軍殺進大坂城，秀賴與淀殿自盡。

秀賴　淀殿

不過，擁有十五萬兵力的德川軍隊仍在激戰當中獲勝，大坂城距離淪陷只有一步之遙。秀賴的正室千姬是家康的孫女，逃出大坂城的千姬向家康懇求放過秀賴一命，但家康充耳不聞，**最後秀賴與淀殿在毛利勝永的介錯**※**之下，於乾糧倉內自盡**。據說天守閣的火勢就連遠方的京都都能看見。至此，自應仁・文明之亂以來，持續一百五十年的戰國時代終於結束，史稱「元和偃武」。

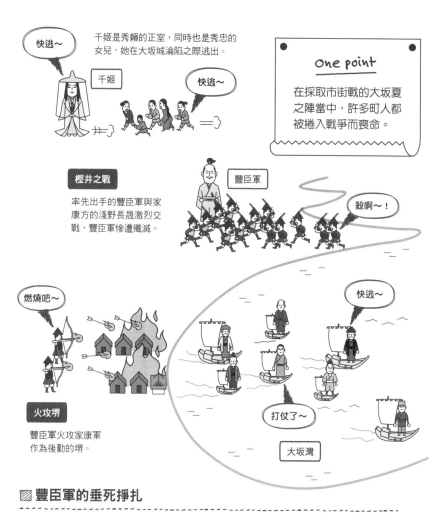

快逃～

千姬是秀賴的正室，同時也是秀忠的女兒，她在大坂城淪陷之際逃出。

千姬

快逃～

One point

在採取市街戰的大坂夏之陣當中，許多町人都被捲入戰爭而喪命。

樫井之戰

率先出手的豐臣軍與家康方的淺野長晟激烈交戰，豐臣軍慘遭殲滅。

豐臣軍

殺啊～！

燃燒吧～

快逃～

打仗了～

火攻堺

豐臣軍火攻家康軍作為後勤的堺。

大坂灣

豐臣軍的垂死掙扎

豐臣軍以五萬五千兵力對上家康軍的十六萬五千兵力。雖然兵力相去懸殊，但豐臣軍仍然全力以赴。然而，這場戰爭最後在家康軍占居上風的情勢之下宣告結束。秀賴與淀殿自盡，豐臣家滅亡。

※介錯：指在切腹儀式中為切腹自殺者斬首，以讓切腹者更快死亡，免除痛苦折磨的過程。

12 整頓各種制度 邁向天下太平的時代

家康將年號改為「元和」，並且整頓一國一城制、武家諸法度等統治制度。天下太平的江戶時代就此拉開序幕。

為了鞏固德川體制，幕府向諸大名發布十三條項目的**武家諸法度**。提倡允文允武、節約、禁止藏匿罪人或未經許可修築城等等，頒布統一制度。另外，規定京都、大坂、長崎等重要地點為幕府直轄的天領，而朝廷則受京都所司代統一管控，失去了自由。**此外，幕府還頒布了一國一城令，廢除居城以外的城，從前約三千座城驟減至一百七十座左右。**

透過頒布法令強化控制力道

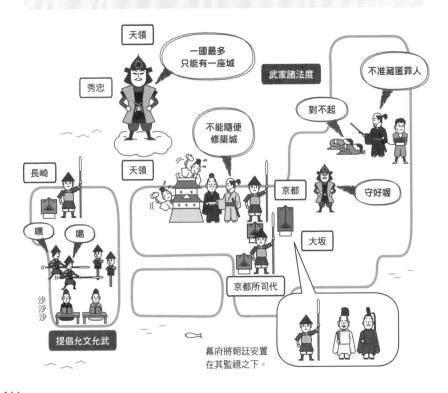

幕府將朝廷安置
在其監視之下。

寬永12年（1635年），第3代將軍・家光將**參勤交代**制度化。全國共兩百五十人以上的大名家每兩年就要前往江戶謁見將軍，留在幕府值勤一年之後再回到領國，目的是貢獻軍役。只是，**大名必須將正室與繼承人安置於江戶，也就是以妻兒當作人質，而且前往江戶的旅費皆由各藩負擔，加重了財政負擔，以防大名擴大軍事力量**。透過這些制度，江戶時代維持了一段長久的和平。

削弱諸藩軍事力量的參勤交代

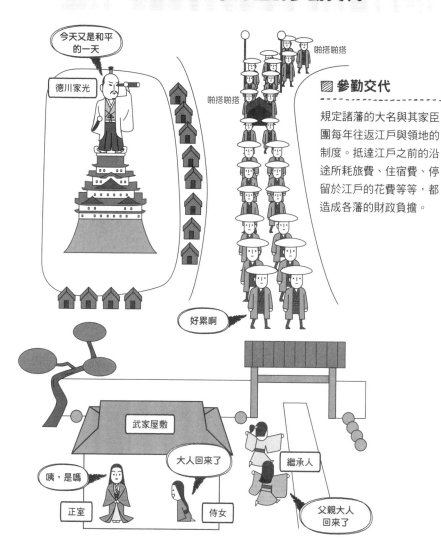

今天又是和平的一天

德川家光

啪搭啪搭

啪搭啪搭

📖 參勤交代

規定諸藩的大名與其家臣團每年往返江戶與領地的制度。抵達江戶之前的沿途所耗旅費、住宿費、停留於江戶的花費等等，都造成各藩的財政負擔。

好累啊

武家屋敷

咦，是嗎

正室

大人回來了

侍女

繼承人

父親大人回來了

死於大坂夏之陣？
德川家康的死亡說

　　眾所皆知，家康之墓就在大阪府堺市的南宗寺內。據傳元和2年（1616年）在駿府城薨逝的家康其實是影武者，真正的家康早在前年的大坂夏之陣當中便已陣亡。

　　根據南宗寺的舊記，夏之陣開打時，大坂方實行火攻戰略，襲擊在平原布陣的家康本陣。家康乘坐轎子逃亡至和泉的半田寺山，但後藤又兵衛基次察覺此轎有異，於是把槍刺進了轎子。舊傷復發的家康因此死亡。家康的家臣暫時將家康的遺骸埋葬於南宗寺。而且，據說他們還將當時使用的網代駕籠保存於日光東照宮，而轎頂的部分還留有槍貫穿的痕跡。

　　這個關於家康之死的說法看起來相當荒唐無稽，但確實每個地方都留有許多物證。正因如此，實在無法將這個說法當成是毫無根據的謠言。天馬行空地幻想著「有可能……」、「或許……」，亦是讀戰國史的樂趣之一。

解讀
戰國史的
後備知識

奪取領國，領國被奪取 ——
戰國史的有趣之處不僅如
此。本章節將介紹可以
更深刻了解戰國史的
後備知識。

足輕的登場
使戰爭形式出現劇變

「足輕」在應仁・文明之亂時登場。進入戰國時代以後，作為新戰力的足輕隨即受到關注。

　　自鎌倉時代以來，武士都會堂堂正正地報上自己的名字，與對手一對一決鬥，並且視逃跑為最可恥之事。然而，到了室町時代後期，則出現被稱為「**足輕**」的低階士兵，顛覆了這些關於武士的常識。他們迴避正面對決，看見苗頭不對就轉身落跑，對此一點也不在意。**足輕是一群欠缺規矩與道德觀的品性不良之人，但在紛亂的戰國時代裡，他們卻成為了最剛強的戰力。**

足輕恣意妄行的行動

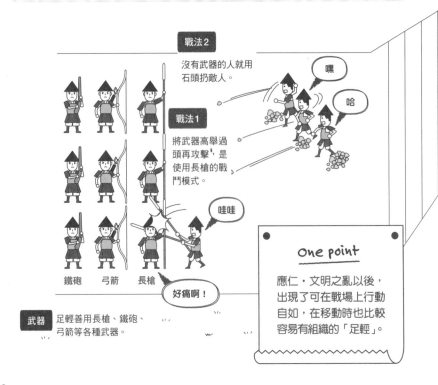

戰法2
沒有武器的人就用石頭扔敵人。

嘿

哈

戰法1
將武器高舉過頭再攻擊，是使用長槍的戰鬥模式。

哇哇

鐵砲　弓箭　長槍

好痛啊！

武器 足輕善用長槍、鐵砲、弓箭等各種武器。

one point

應仁・文明之亂以後，出現了可在戰場上行動自如，在移動時也比較容易有組織的「足輕」。

　　足輕雖為武士，地位卻很低，即使打勝仗也不會受封行賞。但也因為如此，足輕受到默認的掠奪行為則成了他們出兵打仗的動力。此外，只要出征的話，還能拿到軍方發放的伙食，所以他們也不愁吃喝。而且，**若是具有成為將士的才能，還有機會能夠出人頭地**。曾經身為足輕的豐臣秀吉一步步往上爬，最終成為天下人，由此便可窺知一二。

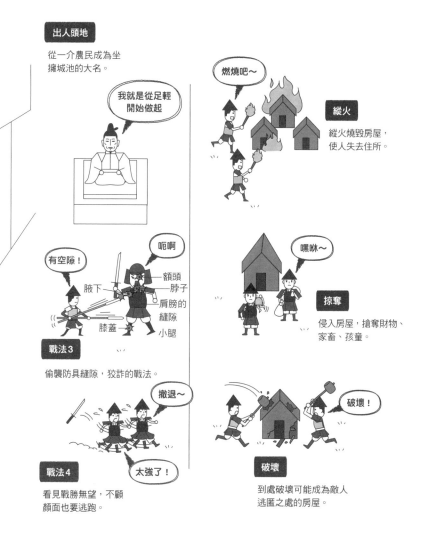

出人頭地

從一介農民成為坐擁城池的大名。

我就是從足輕開始做起

燃燒吧～

縱火

縱火燒毀房屋，使人失去住所。

有空隙！

呃啊

額頭
脖子
肩膀的縫隙

腋下

膝蓋

小腿

戰法3

偷襲防具縫隙，狡詐的戰法。

嘿咻～

掠奪

侵入房屋，搶奪財物、家畜、孩童。

撤退～

戰法4

看見戰勝無望，不顧顏面也要逃跑。

太強了！

破壞！

破壞

到處破壞可能成為敵人逃匿之處的房屋。

02

掌握港町、堺的人
制霸戰國時代

港町、堺作為日本與中國的貿易據點，熱鬧而繁華。此地
與織田信長躍進的背景有著密不可分的關聯。

　　戰國時代以手工業為中心，在經濟上有著飛躍的發展。而**大坂的堺**則成為
海、陸物流的中心。**堺是日本首屈一指的繁華港都，耶穌會的傳教士卡斯帕
・維列拉甚至在紀錄當中以「東方威尼斯」稱呼它。**此外，此處還有一個由
三十六名富商組成的自治組織 ——會合眾。他們在這個城市的周圍布下一圈深
深的壕溝，防止外敵的入侵。

堺為日本首屈一指的貿易據點

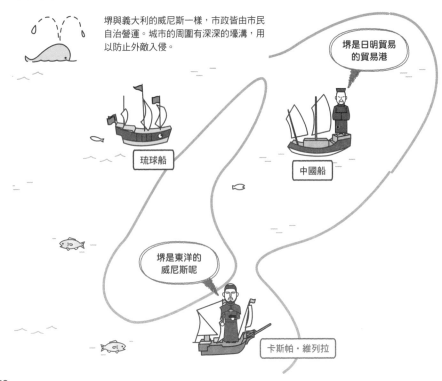

堺與義大利的威尼斯一樣，市政皆由市民
自治營運。城市的周圍有深深的壕溝，用
以防止外敵入侵。

堺是日明貿易
的貿易港

琉球船

中國船

堺是東洋的
威尼斯呢

卡斯帕・維列拉

　　織田信長向在經濟上受惠的會合眾要求了巨額的軍需資金。雖然會合眾一度試圖反抗，最後還是答應織田信長的要求，在實質上受到信長的統治。而且，**堺還是知名的鐵砲產地，因此主動擔下信長軍的軍備強化任務**。在天正3年（1575年）的「長篠・設樂原之戰」當中，信長能夠動員大批的足輕鐵砲隊，都是因為他掌握了堺。

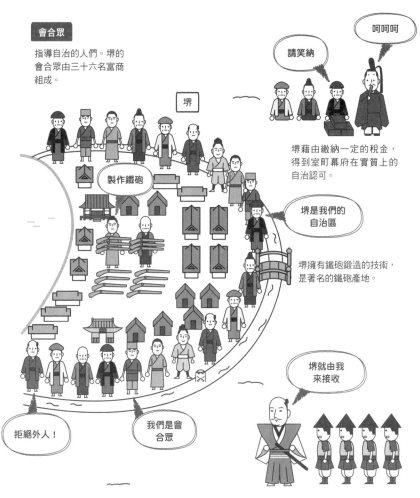

會合眾

指導自治的人們。堺的會合眾由三十六名富商組成。

呵呵呵

請笑納

堺

製作鐵砲

堺藉由繳納一定的稅金，得到室町幕府在實質上的自治認可。

堺是我們的自治區

堺擁有鐵砲鍛造的技術，是著名的鐵砲產地。

拒絕外人！

我們是會合眾

堺就由我來接收

信長看中堺的經濟實力與軍需實力，將堺收歸至掌控之下。

03 戰國時代動員了許多農民上戰場

戰國時代的武士與農民的界線曖昧不明。許多人從事農耕的同時，還要出征打仗。

不是只有武士會打仗，軍隊裡大約有三至五成的兵力都是農民。只是，一旦戰爭開打，農民就必須出門好一段時間。如此一來，便沒人能顧及農業生產，農作物無法順利生長。假如沒有農作可收，不僅農民的生活不安定，也會造成國力衰退。因此，許多戰國大名要出征打仗時都會考慮農民，待冬季等農閒期間才會行動。

農民也是士兵的一員

最早實現分離士兵與農民的「**兵農分離政策**」的人就是織田信長。失去主君的武士被稱為牢人，而織田信長花錢雇用這些牢人，致力於強化領國。如此一來，**不僅農民能專心務農，信長軍也能在農間期間以外的時間出征**。這是擁有資金實力的信長獨一無二的戰略。他能夠飛快地崛起，統一天下，就是因為推動了此一政策。

以兵農分離政策來強化領國

04 由各領國制定的分國法

戰國時代，室町幕府的權勢與威望下跌。為了支配自己的
領國，於是各國大名都制定了該國特有的法律。

為了穩定地支配領國，戰國大名必須對領國內的居民頒布各種法律。倘若室
町幕府的體制健全而穩固，倒也不必這麼做，但在幕府喪失權威的戰國時代
裡，**各個領國為了自我防衛，也為了使領國有所發展，只好確立各自的統治體
制**。各國所制定的法律名稱都不一樣，總稱為「**分國法**」或「**戰國家法**」。

五花八門的分國法種類

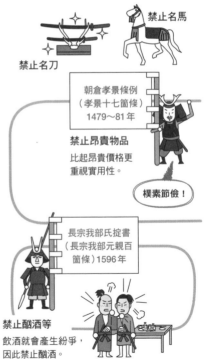

禁止名馬

禁止名刀

朝倉孝景條例
（孝景十七箇條）
1479～81 年

禁止昂貴物品
比起昂貴價格更
重視實用性。

樸素節儉！

大內家捉書
（大內家壁書）
1495 年左右

禁止素人相撲等

長宗我部氏捉書
（長宗我部元親百
箇條）1596 年

禁止酗酒等
飲酒就會產生紛爭，
因此禁止酗酒。

　　分國法的內容在各地都不太一樣，有的國家制定十條左右，也有國家制定多達百條以上的條文。而且，有些分國法根本就無法稱之為法律，有些甚至連民眾的生活也要干涉，由內容可以看出頒布分國法的大名個性，這也是分國法的特點。然而，**在大部分的分國法當中，都有制定一條君主可介入家臣之間紛爭的條文。一般認為，這是為了在事前阻止內亂的發生。**

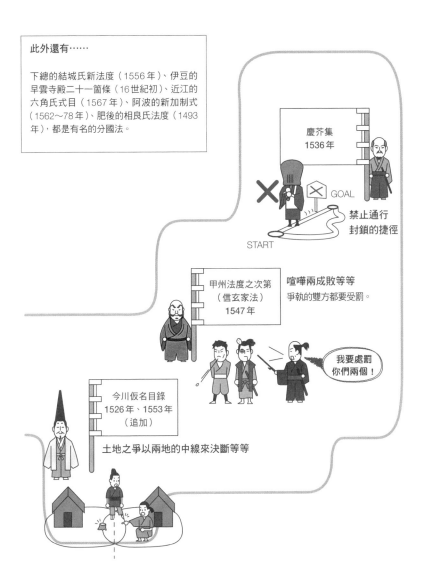

此外還有……

下總的結城氏新法度（1556年）、伊豆的早雲寺殿二十一箇條（16世紀初）、近江的六角氏式目（1567年）、阿波的新加制式（1562～78年）、肥後的相良氏法度（1493年），都是有名的分國法。

慶芥集
1536年

GOAL
禁止通行
封鎖的捷徑

START

甲州法度之次第
（信玄家法）
1547年

喧嘩兩成敗等等
爭執的雙方都要受罰。

我要處罰
你們兩個！

今川仮名目錄
1526年、1553年
（追加）

土地之爭以兩地的中線來決斷等等

05 對戰國大名造成威脅的一向一揆

一揆指民眾起義,其存在與敵國問題同樣都讓戰國大名頭疼不已,甚至更加棘手。

在政局動盪不安的室町時代中期至後期,農民的自治權逐漸強化,因此不時會對莊園領主或守護發起激烈的抵抗。農民提出減輕地租、以德政令一筆勾銷借款、廢止關所等要求的「**土一揆**」頻頻發生。**進入戰國時代以後,身為土一揆領導的地侍都被編入戰國大名的家臣團。**透過締結主從關係,讓造反的情況不再出現,土一揆逐漸消失。

農民一揆的歷史

逃散

放棄耕地並逃亡至山野或其他領國,以此當作反抗領主的手段。

土一揆

以百姓為主體的大規模一揆。要求幕府發布德政令,或是襲擊從事高利貸的土倉、酒屋或關所。

一筆勾銷借款!

減少地租!

德政令

命令土倉等債權者、金融業者放棄債權(免除債務)的法令。

國一揆

地方的國人領主(又稱為國眾)團結一致,率領農民反抗守護大名的統治。

什麼關所,通通毀了!

關所

朝廷、幕府、莊園領主,或是有力寺院等等的有權有勢的人,都會各別徵收關錢(通行稅)。

國人

跟我走!

　　傾注心力向庶民傳教的一向宗，是由信徒的強大凝聚力所集結而成，他們拒絕與戰國大名結成主從關係，進而發起一揆。**信徒當中還包含了立場為一揆領導的地侍，就連戰國大名也都無法隨便對他們出手**。因此，雙方之間的戰爭經常久久未停，爆發激烈衝突的「加賀一向一揆」便長達一百年左右。

傾覆戰國大名的一向宗力量

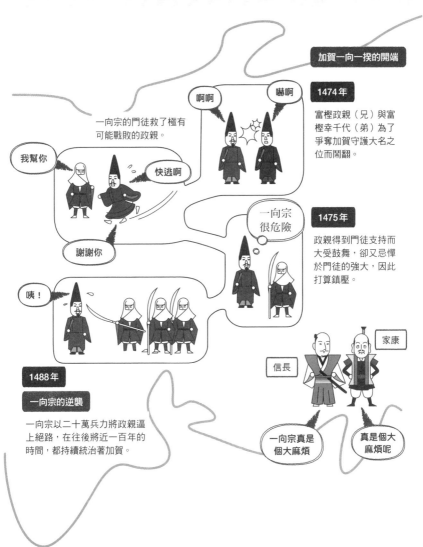

加賀一向一揆的開端

1474年

富樫政親（兄）與富樫幸千代（弟）為了爭奪加賀守護大名之位而鬧翻。

一向宗的門徒救了極有可能戰敗的政親。

啊啊　　嚇啊

我幫你　　快逃啊

謝謝你

1475年

政親得到門徒支持而大受鼓舞，卻又忌憚於門徒的強大，因此打算鎮壓。

一向宗很危險

咦！

家康

信長

1488年

一向宗的逆襲

一向宗以二十萬兵力將政親逼上絕路，在往後將近一百年的時間，都持續統治著加賀。

一向宗真是個大麻煩

真是個大麻煩呢

06 戰國時代也是技術革新的時代

因為「要比其他國家更強大」這樣的亂世背景，人們發展出許多革新的技術。

　　戰國時代有許多領域的技術都在進步，是一個人們生活品質有所提升的時代。在這之中，改變最大的就是開始在**國內生產木棉**。近世以前，製作衣服的原料是麻。**麻具有良好的透氣性，非常適合夏天，但缺點就是不夠防寒**。另一方面，棉的優點則是保暖又耐穿，因此普遍被用來製作防寒衣物。

因為衣服的革命而不畏寒冷！

近世以前

 近世以前，民眾的衣服原料以麻為主，雖然透氣性好，適合夏天穿著，卻無法抵禦冬天的寒冷。

近世

 棉的保暖性佳又耐穿，因此許多大名都使用棉製作士兵的防寒衣物。此外，棉也可以用於製作旗指物或是鐵砲的火繩，使棉的需求愈來愈高。

戰國時代普及

棉原本仰賴中國進口，自戰國時代開始在國內生產。

此外，木工技術也有所革新。在這之前，**用來保存、運輸食物及原料的器具是使用薄木板製作的曲輪桶，後來才發展出堅固而密閉的結桶、樽**。因器具的轉變而得以運輸更多的食物及原料，促成庶民生活的改善與發展。此外，金、銀的鍛鍊技術同樣也是在這個時期進步。金、銀大量輸出至其他國家，若論起其流通量，甚至還為世界經濟帶來了莫大的影響。

就連容器也發生了革命

曲輪桶

材料為薄木板，無法運輸過重的液體。

沒辦法做得比這個更大

不能裝液體～

用甕的話又太重了

結桶

結桶是用箍（主要為竹製）將短片木板箍緊的容器，然後在結桶的上面加上鏡蓋，做成密閉容器。

這樣的話，就能調整大小了

液體不會漏出來，真方便

可以保存好多喔

其他……

由於採礦技術與精煉技術的進步，生產出高純度的金、銀。大量輸出到海外，對世界經濟帶來巨大的影響。

金、銀

07 鐵砲的傳入 使戰國亂世風雲變色

鐵砲的傳入成了戰國時代的轉捩點。織田信長憑藉前所未有的戰術，擊敗了其他大名。

　　天文12年（1543年），攜帶著**鐵砲**的葡萄牙商人漂流到種子島。領主‧種子島時堯向葡萄牙收購了鐵砲，立刻命令鍛造工匠著手研究，促使鐵砲國產化。後來，除了大坂的堺、紀伊的根來以外，近江的國友也大量生產鐵砲，給全國帶來影響。**由於鐵砲最早是傳入種子島，亦稱之為種子島銃，這種強力武器大大改變了至今為止的戰鬥形式。**

拓展至日本全國的鐵砲

漂流

請你收下

我用二千兩跟你買

種子島時堯

複製它

遵命！

種子島時堯

鍛造工匠

堺

國友

根來

信長

碰　碰

以後就是鐵砲的時代

超厲害的～

拓展到日本全國，改變至今為止的戰鬥形式。

　　將鐵砲的能力發揮到最大極限的人，就是戰國大名織田信長。天正3年（1575年），織田信長在長篠・設樂原之戰當中配置了人數眾多的足輕鐵砲隊。**武田氏的騎兵是當時令人聞風喪膽的最強戰力，卻慘遭足輕鐵砲隊殲滅。**當時，鐵砲的價錢相當昂貴，而信長具有雄厚的資金能力，因此得以擁有大量的鐵砲。他能在大名之間脫穎而出，正是因為有鐵砲的存在。

由長篠・設樂原之戰看鐵砲的特性

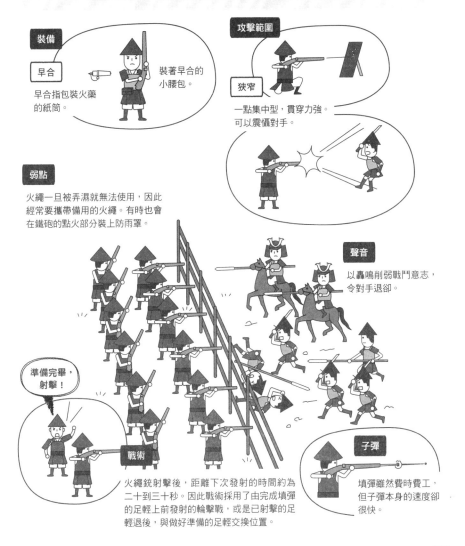

裝備

早合

早合指包裝火藥的紙筒。

裝著早合的小腰包。

攻擊範圍

狹窄

一點集中型，貫穿力強。可以震懾對手。

弱點

火繩一旦被弄濕就無法使用，因此經常要攜帶備用的火繩。有時也會在鐵砲的點火部分裝上防雨罩。

聲音

以轟鳴削弱戰鬥意志，令對手退卻。

準備完畢，射擊！

戰術

火繩銃射擊後，距離下次發射的時間約為二十到三十秒。因此戰術採用了由完成填彈的足輕上前發射的輪擊戰，或是已射擊的足輕退後，與做好準備的足輕交換位置。

子彈

填彈雖然費時費工，但子彈本身的速度卻很快。

08

正因為是亂世
才有人選擇信仰天主教

天主教的傳教士在以戰止戰的戰亂之世來到日本，並以九州與畿內為中心，獲得廣大的信徒。

　　西班牙與葡萄牙會先讓傳教士到海外進行**天主教**的傳教活動，以此作為奪取殖民地的事前準備，這是他們在侵略其他國家時煽動天主教徒群起呼應的手段。雖然不清楚他們是否也對日本採取這樣的戰略，但天主教傳教士來到日本也是無庸置疑的事實。**在紛亂不已的戰亂之世當中，天主教的教義打動了人心，轉眼之間便開枝散葉。**

宣揚天主教是為了侵略日本！？

我要來傳教

耶穌會

羅馬天主教會因新教的崛起而衰退，因此耶穌會前往亞洲、非洲尋求讓羅馬天主教會重生的活路。

你好

方濟・沙勿略

前往日本

戰國大名

天主教信徒

▨ 侵略日本的計畫是真是假？

實際上，羅馬天主教會的西班牙、葡萄牙的確會透過天主教的傳教活動來獲得信徒，目標使廣大的信徒群而起義，以獲得殖民地。不過，考慮到歐洲與日本距離遙遠，且日本又具有強大的戰力，因此以侵略日本為目的的可能性並不高。

方濟・沙忽略是最早開始在日本宣揚天主教教義的傳教士。 抵達鹿兒島的沙忽略以九州為中心，開始傳教活動。為了讓更多人成為天主教的信徒，他希望能夠前往京城謁見天皇，然而他的希望卻不得實現，只好放棄。不過，還是有大名因沙忽略的傳教行動而成為天主教徒，鼎盛時期約有超過三十萬人成了天主教徒。

沙忽略的天主教傳教之路

❶ 獲得島津貴久的許可，開始傳教活動。

❷ 謁見大內義隆，但未得到傳教許可。

❸ 前往因戰亂而荒廢的京都謁見天皇未果，失望之餘只好往九州前進。

❹ 從京都返回的路上，準備禮物去謁見大內義隆，獲得了傳教許可。

❺ 謁見大友宗麟，進行約兩個月的傳教活動。

方濟・沙忽略

他在麻六甲遇見日本人「彌次郎」，目標前往日本傳教，1549 年登陸鹿兒島，在日本進行首次的天主教傳教。

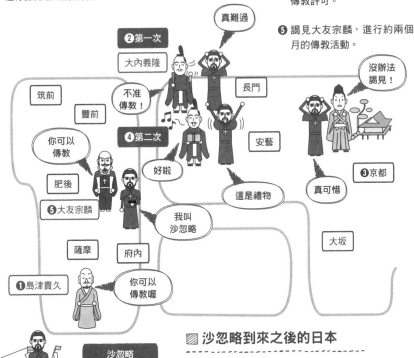

▨ 沙忽略到來之後的日本

沙忽略停留在日本的期間只有短短的兩年。後來，有許多傳教士陸續來到日本，在以九州、畿內為主的地方獲得許多天主教徒。天主教的傳教活動可以說有了一定的成果。

09 武家的女兒
只是政治聯姻的工具

為了獲勝，為了存活，於是國與國攜手合作。戰國大名將自己的女兒嫁到同盟國，便是合作的證據。

在戰亂之世，武家的女兒都會被當作政治聯姻的工具。政治聯姻主要分成三種。①與勢均力敵的戰國大名締結同盟時，用來鞏固雙方之間的連結②強化與家臣之間的關係③對於地位凌駕於自己的戰國大名，提出聯姻以作為服從的證據。武家的女兒根本無法像現代一樣地自由戀愛、自由婚嫁。

戰國大名家公主的生存之道

❷鄰國的年輕領主

Age：23　強化與友好國的關係。

T：160

❶ 敵國的大名

Age：36

T：150

將女兒嫁給敵對國，當成同盟的保障。

❸ 優秀的家臣

Age：22

T：170

用來鞏固主從關係。

你會選誰呢？

只能從他們當中選擇呢……

大名家的公主

與自己的意志無關，結婚對象全憑他人的決定。

基本上就是這三種類型

戰國大名

　　透過政治聯姻強化同盟關係的代表例子，就是天文23年（1554年）由甲斐的武田信玄、相模的北條氏康、駿河的今川義元所結成的「甲相駿三國同盟」。**比鄰的三個國家組成同盟，若有其他國家來侵略，就能立刻調來援軍，因此彼此都是相當理想的結盟對象。**這三個國家為了鞏固同盟關係，於是將自己的女兒嫁給對方的嫡子。

甲相駿三國的計畫

越後的上杉謙信

這三個國家聯合起來就難對付了……

三氏的聯姻關係

1552年	今川義元之女—武田信玄之子
1553年	武田信玄之女—北條氏康之子
1554年	北條氏康之女—今川義元之子

信玄成功統一甲斐之後，下個目標是進攻信濃。而阻擋在他面前的最大敵人，就是上杉謙信。

甲斐的武田信玄

相模的北條氏康

雖然氏康將精力投注在平定關東，然而位居北方的上杉謙信仍在阻礙著他。

魚幫水，水幫魚

三國同盟

駿河的今川義元

如果要把領土擴張到尾張的話，與北面及東面為敵並不利。

10 室町幕府的權威不復存在

若想在戰國時代仗著幕府的權威來欺壓他人，可說是相當荒謬。想讓自己擁有權勢與威望，只能倚靠實力。

　　戰國時代，有實力的強者就會生存下來，沒實力的弱者就會滅亡。室町幕府的第13代將軍・足利義輝遭到三好氏殺害的事件，**象徵幕府的權威已經不具任何意義**。另外，在宗教界也是一樣的情況，比叡山延曆寺遭織田信長攻擊焚毀，即使是神聖的存在，一旦阻礙了戰國大名，就注定要被剷除。

比起權威，實力才是最重要的

▨ 靠實力奪權力

戰國亂世，是一個以將軍為巔峰的權勢早已殞落的時代。沒有相應實力的權勢威望，終究不具任何意義。另一方面，若是有實力的話，就能夠一步登天。

你不聽我的話!?

室町幕府將軍

有實力的人

腳下

你會遭到天譴的～

僧侶

▨ 永祿之變

事件發生在永祿8年（1565年），三好義繼、松永久秀率領三好軍殺害室町幕府第13代將軍足利義輝。

永祿4年（1561年），曾為關東關領的上杉謙信欲統率武將，然而大半的武將都聽從於北條氏。**北條氏並非仗著幕府的權威，而是憑藉自身優秀的統治能力，成功地使關東的武將歸附於他**。在戰亂的時代裡，拳頭夠硬的人才有資格講話。也許，北條氏的始祖早雲早就領悟到了這一點。

沒實力就別想統率大家

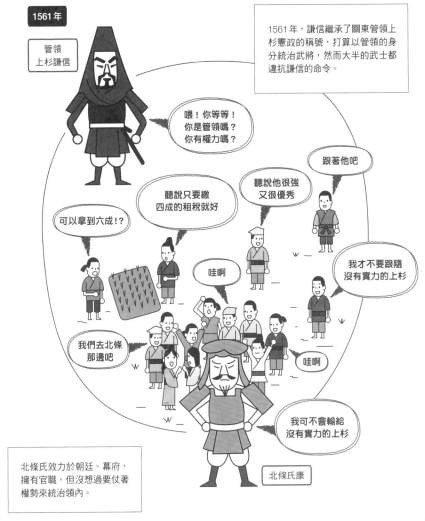

1561年

管領
上杉謙信

1561年，謙信繼承了關東管領上杉憲政的稱號，打算以管領的身分統治武將，然而大半的武士都違抗謙信的命令。

喂！你等等！
你是管領嗎？
你有權力嗎？

跟著他吧

聽說他很強
又很優秀

聽說只要繳
四成的租稅就好

可以拿到六成!?

哇啊

我才不要跟隨
沒有實力的上杉

我們去北條
那邊吧

哇啊

我可不會輸給
沒有實力的上杉

北條氏康

北條氏效力於朝廷、幕府，擁有官職，但沒想過要仗著權勢來統治領內。

南蠻傳入的飲食
在戰國時代大受歡迎

西洋人渡海來到戰國時代的日本，並且帶來了鐵砲等各種西洋文明，當中也包含了西洋飲食。

天婦羅是日本的代表性料理。將米粉做成外衣再下鍋油炸的烹調方式，早在奈良、平安時代就已存在，不過16世紀傳入的炸餡餅，才是現今的天婦羅真正的始祖。

天婦羅一稱的起源有各種說法，有人認為是葡萄牙語中的Tempêro（調味料）或Temporras（星期五祭典）、Templo（寺廟的素食料理），也有人認為是西班牙語或義大利語的Témproas（天上之日、齋日）等等。日本人非常能接受將蔬菜或魚肉下鍋油炸的烹調方式，據說就連德川家康也非常喜歡。

除了天婦羅，還有蜂蜜蛋糕、金平糖、牛奶糖、小饅頭餅乾等等，許多源自於葡萄牙的料理至今仍保留在日本。為了感受戰國時代的遺風而再次嘗嘗這些食物，也是挺有趣的一件事。

🌀 主要参考文献

面白いほどよくわかる戦国史
鈴木旭 著（日本文芸社）

早わかり戦国史
外川淳 編著（日本実業出版社）

戦国武将ものしり事典
奈良本辰也 監修（主婦と生活社）

イラストで丸わかり！戦国史
（洋泉社）

地政学でよくわかる！　信長・秀吉・家康の大戦略
矢部健太郎 監修（コスミック出版）

図解！戦国時代
「歴史ミステリー」倶楽部 著（三笠書房）

2時間でおさらいできる戦国史
石黒拡親 著（だいわ文庫）

一冊でわかる イラストでわかる 図解戦国史
東京都歴史教育研究会 監修（成美堂出版）

読むだけですっきりわかる戦国史
後藤武士 著（宝島社）

戦国　戦の作法
小和田哲男　監修（ジー・ビー）

🌀 STAFF

編集	細谷健次朗（株式会社G.B.）
編集助理	井上晋太郎、野村郁明、上野卓彦、平谷悦郎、小林音々
内文插図	鴨井猛
封面插図	ぷーたく
封面、内文設計	別府拓、市川しなの（Q.design）
DTP	G.B. Design House

監修 小和田哲男

1944年出生於靜岡市，1972年早稻田大學文學研究所博士班課程結業，2009年3月從靜岡大學退休，現為靜岡大學名譽教授。主要著書與監修作品有《日本人這樣學歷史：神話日本》（全3卷，漫遊者文化）、《日本人這樣學歷史・人物篇》（全3卷）、《破解！清須會議的50個謎團》（遠足文化）、《日本戰國武將圖解》（商周出版）、《戰國武將的領導決斷學》（遠流）等書。

ゼロからやりなおし！戦国史見るだけノート
(ZERO KARA YARINAOSHI！SENGOKUSHI MIRU DAKE NOTE)
by Tetsuo Owada

Copyright © 2019 by Tetsuo Owada

Original Japanese edition published by Takarajimasha, Inc.

Chinese (in traditional character only) translation rights arranged with Takarajimasha, Inc. through CREEK & RIVER Co.,Ltd., Japan

Chinese (in traditional character only) translation rights

© 2019 by Maple Book

出　　　　版／楓樹林出版事業有限公司
地　　　　址／新北市板橋區信義路163巷3號10樓
郵 政 劃 撥／19907596　楓書坊文化出版社
網　　　　址／www.maplebook.com.tw
電　　　　話／02-2957-6096
傳　　　　真／02-2957-6435
監　　　　修／小和田哲男
翻　　　　譯／胡毓華
責 任 編 輯／王綺
內 文 排 版／楊亞容
港 澳 經 銷／泛華發行代理有限公司
定　　　　價／380元
出 版 日 期／2020年2月

國家圖書館出版品預行編目資料

日本戰國史看看就好筆記 / 小和田哲男監修
; 胡毓華翻譯. -- 初版. -- 新北市：楓樹林，
2020.02　面；　公分
ISBN 978-957-9501-55-2（平裝）

1. 戰國時代 2. 日本史

731.254　　　　　　　　　108020230